Danksagung

Für die kritische Durchsicht des vorliegenden Buches bin ich Andrei Corbea-Hoişie (Jassy), Oliver Jens Schmitt (Wien) und Thede Kahl (Jena, Wien) zu Dank verpflichtet, für die sorgfältige Formatierung der Beiträge und die Unterstützung bei der Manuskripterstellung sowie für die Aufnahme des Projektes in ihr Verlagsprogramm Frau Karin Timme (Berlin).

Michael Metzeltin   Wien, im Januar 2016

Einleitung

Die kontinuierliche Entwicklung des Lateins in verschiedenen geographischen Umgebungen und historischen Kontexten mündet in die Herausbildung verschiedener, mehr oder weniger eng verwandter romanischer Sprachen von der Balkanhalbinsel über Italien und Frankreich bis zur Iberischen Halbinsel. Der erste, der über die Verwandtschaftsverhältnisse dieser Sprachen Überlegungen angestellt hat, dürfte der Florentiner Dante Alighieri gewesen sein. In seinem *De vulgari eloquentia* (ca. 1303–1304) schlägt er folgende Klassifizierung vor:

„6. Totum vero quod in Europa restat ab istis, tertium tenuit ydioma, licet nunc tripharium videatur: nam alii *oc*, alii *oïl*, alii *sì* affirmando locuntur, ut puta Yspani, Franci et Latini. Signum autem quod ab uno eodemque ydiomate istarum trium gentium progrediantur vulgaria, in promptu est, quia multa per eadem vocabula nominare videntur, ut Deum, celum, amorem, mare, terram, est, vivit, moritur, amat, alia fere omnia.
7. Istorum vero proferentes *oc* meridionalis Europe tenent partem occidentalem, a Ianuensium finibus incipientes. Qui autem *sì* dicunt a predictis finibus orientalem tenent, videlicet usque ad promuntorium illud Ytalie qua sinus Adriatici maris incipit, et Siciliam. Sed loquentes *oïl* quodam modo septentrionales sunt respectu istorum: nam ab oriente Alamannos habent et ab occidente et septentrione anglico mari vallati sunt et montibus Aragonie terminati; a meridie quoque Provincialibus et Apenini devexione clauduntur." (I, viii, 6–7)
(„6. Das ganze Gebiet aber, das von diesen aus (scil. von den Grenzen der Ungarn) in Europa übrigbleibt, hat eine dritte Sprache in Besitz genommen, die freilich jetzt dreigeteilt erscheint. Denn bejahungsweise sagen manche *oc*, manche *oïl*, manche *sì*, nämlich die Spanier, Franzosen und Italiener. Aber der Beweis dafür, daß die Sprache (vulgare) dieser drei Völker einer und derselben Sprache entstammt, ist klar, weil sie vieles durch dasselbe Wort bezeichnen, wie *deus*, *caelum*, *amor*, *mare*, *terra* und *vivit*, *moritur*, *amat* und nahezu alles andere auch.

7. Unter diesen wohnen jene, die *oc* sagen, im westlichen Teil Südeuropas, bei den Genuesen beginnend. Die aber *sì* sagen, haben von den erwähnten Grenzen aus den Osten inne, d.h. bis zu dem Vorgebirge Italiens, bei dem die Bucht des Adriameeres beginnt, und Sizilien. Welche aber *oil* sprechen, sind in gewisser Beziehung nördlich von diesen gesehen. Im Osten haben sie die Deutschen und im Norden. Im Westen werden sie vom englischen Meer eingeschlossen und von den Bergen Aragoniens begrenzt, und im Süden umschließen sie die Provenzalen und die Hänge des Apennins.", zitiert nach http://www.italica.it/dante/devulgari.html und LRL, Art.1, 2.2.)

Dante spricht aus der Perspektive eines Schriftstellers, der zu dem kommentierten Sprachkreis gehört. Allerdings bleibt das Rumänische außerhalb seines Blickfelds. Überlegungen zu den Verwandtschaftsverhältnissen des Rumänischen werden zuerst von den Humanisten des 15. Jahrhunderts vorgebracht (Kramer 1999/2000, 109–124). Der byzantinische Historiker Laónikos Chalkokondýles (ca. 1423–1490) berichtet in seinen Ἀποδείξεις Ἱστοριῶν (Historiarum demonstrationes), in denen er über die Zeit von 1298 bis 1463 erzählt, u.a. von der Sprache der Walachen, die zwar dem Italienischen ähnlich, aber doch unverständlich sei:

„Δᾶκες δὲ χρῶνται φωνῇ παραπλησίᾳ τῇ Ἰταλῶν, διεφθαρμένῃ δὲ ἐς τοσοῦτον καὶ διενεγκούσῃ. ὥστε χαλεπῶς ἐπαΐειν τοὺς Ἰταλοὺς, ὁτιοῦν ὅτι μὴ τὰς λέξεις διασημειουμένων ἐπιγινώσκειν ὅ τι ἂν λέγοιτο./Dacorum lingua similis est Italorum linguae: adeo tamen corrupta et differens ut difficulter Itali queant intelligere, quae istorum verbis pronuntiantur." (*Patrologia graeca* vol. 1599/II, 40–41)

Ähnlich drückt sich Enea Silvio Piccolomini in seiner *Cosmographia seu Rerum ubique gestarum historia locorumque descriptio* (ca. 1458–1461) aus:

„Valachi genus italicum sunt, qvemadmodum paulòpost referemus, paucos tamen apud Transsylvanos invenies viros exercitatos Hungaricæ linguæ nescios."
„Ex colonia Romanorum, quæ Dacos coërceret, eo deducta duce qvondam Flacco, à quo Flaccia nuncupata. Exin longo temporis tractu, cor-

rupto vt fit vocabulo, Valachia dicta, & pro Flaccis Valachi appellati. Sermo adhuc genti Romanus est, quamvis magna ex parte mutatus, & homini Italico vix intelligibilis." (ed. Helmstadii 1699, Teil *Historia de Europa*, cap. II *De Transsylvania regione, Teutonibus, Siculis & Valachis populis eam incolentibus*, S. 228)

Diese Ideen werden von den späten siebenbürgischen Humanisten (Wolfgang Kovacsóczy, ca. 1540–1594; Lorenz Toppeltin, 1641–1670) und von den rumänischen Chronisten (Grigore Ureche, ca. 1590–1647; Miron Costin, ca. 1633–1691) weitergeführt. Allerdings werden dabei die Ähnlichkeit zum Italienischen, die grundsätzliche Latinität und der römische Ursprung immer stärker betont:

„PHILODACUS. Romanos homines his in locis aliquando habitasse minime dubium est. Quid enim? an non Valachi nostri, qui se nunc etiam Romanos vulgo venditant, eorum reliquiae sunt?
EUBULUS. Non possum affirmare.
PHILODACUS. Cur? non ne tibi fidem facit satis luculentam sermo illorum vernaculus, qui plus ferme habet in se Romani et Latinitatis, quam praesens Italorum lingua?
EUBULUS. Sed vita et mores eorum refragantur; quibus quid faedius, quid abiectius esse potest? Equidem, si quis nunc ex priscis illis Romanis locorum istorum dominis ab inferis rediret, vere de istis Gryllis dicere posset."
(Wolfgang Kovacsóczy, *De administratione Transylvaniae dialogus*, Claudiopoli)

„Vt Valachos Italiâ oriundos supra probavimus, ita nunc eandem gloriam ipsis relinquimus. Est enim sua lingua veterum Romanorum, corrupta tamen nonnihil Sarmatico-Russica, Dacica, & Dalmatico-Craatica. Couacciocius quoque in *Dial. De Administr. Regni Transylu.* obseruauit, vernaculum istorum sermonem, plus ferè in se habere Romani & Latini sermonis, quam praesens Italorum lingua. Existimo, antequam Dante, Boccatius & Petrarcha ex Barbarismis Longobardorum, Gallorúmve, & familiaris Latini sermonis reliquiis, nouam hanc Italo-

rum elegantem & pene Diuinam, composuissent, Valachicam Italicę linguæ, per omnia similem fuisse. Diu me offendit, quòd Galliacæ corruptelæ Valachi parum habent, & eius loco merè Latinis vtuntur."
(Laurentius Toppoltinus, *Origines et occasus Transsylvanorum*, Lyon 1667, caput IX, p. 71–72)

„Rumânii, cîţi să află lăcuitori la Ţara Ungurească şi la Ardeal şi la Maramoreş, de la un loc sînt cu moldovenii şi toţi de la Rîm să trag."
(Grigore Ureche, *Letopiseţul Ţării Moldovei*, 1967, 132; auch Grigore Ureche, *Letopiseţul ţărâi Moldovei, de când s-au descălecat ţara şi de cursul anilor şi de viiaţa domnilor carea scrie de la Dragoş vodă până la Aron vodă (1359–1594)*, Kap. 86)

„Înţelege-vei şi din capul care să va scrie şi de graiul cestor ţări, că şi limba ieste dovadă că, în graiul nostru, pînă astăzi sînt cuvintele, unele letineşti, iară altele italieneşti. Să miră un historic, anume Cavaţie, zicând: ‚De mirat este că limba moldovenilor şi a muntenilor mai multe cuvinte are în sine rîmleneşti, decît italieneşti', măcar că italianul tot pre un loc iaste cu rîmlenii. Ce aceea nu-i divă că italianii tîrziu ş-au scornit limba, din lătinească, aşa de iscusită, de dezmerdată, cît că iaste limba îngerească îi zic. Întru unele voroave îşi aduce preste samă cu a noastră, ales cu aceste silave: della, de, delia voi, vo-siniorio, cum am zice la noi: de la dumneata sau de la voi, care, acestea, în limba lătinească, adecă rîmlenească, acum nu încape, ce cură fără de acestea în măsurile sale."
(Miron Costin, *De neamul moldovenilor*, cap. I, 1967, p. 145–146)

Die Fokussierung auf den römischen Ursprung des Volkes und auf die Latinität der Sprache als identitätsstiftende Merkmale ist in einem romanischen Land verständlich, das von allen Seiten von nichtromanischen Völkern umgeben ist, auch wenn manche spätere Formulierung von Historikern und Sprachwissenschaftlern implizit ideologisch konnotiert und sprachwissenschaftlich etwas überspitzt ist, wie die Meinung des italienischen Politikers Carlo Cattaneo:

„Dal cuore dell'imperio romano furono condutti i coloni e apportarono seco agricoltura, arti, lettere e leggi civili fra i barbari della Dacia. La loro stirpe si perpetuò; la loro lingua assorbì le favelle indigene, e si conserva ancora; e di tutte le figlie della latina nessuna è da molti lati più simile alla madre." (*Del nesso fra la lingua valaca e l'italiana, 1837*, in: Carlo Cattaneo, *Scritti letterari, artistici, linguistici e vari*, 1948, p. 209–237, hier 209)

Aus dieser national-ideologischen Perspektive ist auch der aktuelle einleitende Kommentar in der Wikipedia (https://de.wikipedia.org/wiki/Neac%C8%99us_ Brief, aufgerufen am 18. Juni 2015) zum ältesten belegten Schriftstück auf Rumänisch, dem Brief des Kaufmanns Neacşu Lupu aus Câmpulung an den Stadtrichter Johannes Benkner von Braşov über die osmanischen Truppenbewegungen an der Donau zu verstehen, den man z. B. bei einer Einleitung zu den Straßburger Eiden analog nicht erwarten würde: „Der Text umfasst 190 Wörter, wovon 175 lateinischen Ursprungs sind, was eine Prozentzahl von 92 % ausmacht."

In der vorliegenden Studie geht es nicht um Sprachgeschichte in Funktion von Ethnogenese, um die Interpretation von sprachlichen Phänomenen im Dienste einer historischen Identitätssuche. Es geht auch nicht um den Versuch, das Rumänische einer bestimmten Sprachengruppe zuzuweisen, denn, wie schon Emil Petrovici bezüglich des sogenannten Balkansprachbunds betont:

„Întocmai ca în cazul limbilor înrudite genetic, la fel şi în acela al limbilor contigue neînrudite, prezentînd numeroase afinităţi structurale, formînd aşa-zise uniuni lingvistice, se insistă mai ales asupra trăsăturilor comune acestor limbi neţinîndu-se adeseori îndeajuns cont de divergenţele care le îndepărtează unele de altele. În felul acesta se prezintă o imagine deformată a grupurilor respective, dîndu-se o importanţă exagerată trăsăturilor comune" (Petrovici 1967, 5).

Es geht hier um die Eigenarten, wie eine bestimmte Sprache, in unserem Fall das Rumänische, im Kontrast mit nah verwandten Sprachen für den Ausdruck der elementaren kognitiven und pragmatischen Notwendigkeiten der Kommunikation (Kahl/Metzeltin 2015, 24–29) eigene Lösungen findet, aufgrund von verschiedenen Materialien eine sehr eigenständige Morphosyntax entwickelt hat.

Die Untersuchung ist keine historische, sondern eine sprachtypologische. Durch einen inneromanischen typologischen Vergleich sollen die Besonderheiten des Rumänischen als heutiger Standardsprache dargestellt werden. Es geht nicht um die Latinität/Romanität oder die Balkanität des Rumänischen, sondern um die Eruierung seiner kreativen Idiosynkrasie, der besonderen, sich von anderen Sprachen unterscheidenden morphologischen und syntaktischen Konstrukte zum Ausdruck von Denkstrukturen und pragmatischen Strategien. Wie der damalige rumänische Außenminister Mihail Kogălniceanu am 9. Mai 1877 im Parlament deklarieren konnte: „suntem naţiune de sine stătătoare", soll hier gezeigt werden, dass das Rumänische unabhängig von der Herkunft seiner Materialien wie jede Hochsprache eine „limbă de sine stătătoare" ist (Metzeltin 2002, 140–141).

Teil I
Das Rumänische unter den romanischen Sprachen

1 Die heutigen romanischen Standardsprachen

Aus dem Latein, dem vielschichtigen Träger und Vermittler der griechisch-römischen und der christlichen Kultur, entwickelt sich durch mehr oder weniger starken lautlichen, semantischen, morphologischen und syntaktischen Wandel und lexikalische Ersetzung allmählich und je nach Gegend in verschiedenem Tempo eine Reihe von regional, national oder transnational bedeutenden, mehr oder weniger standardisierten neuen Sprachen mit entsprechender Bewusstwerdung, Textualisierung, Kodifizierung, Normierung, Offizialisierung und Medialisierung. Wenn wir von ihren europäischen Ursprungsländern ausgehen, handelt es sich heute von Osten nach Westen um folgende Sprachen (Metzeltin 2004, cap. 1):

- das Rumänische/*limba română* (früher auch Walachisch genannt; heutige Kerngebiete: Rumänien, Republik Moldau/Moldawien)
- das Friaulische/*il furlan* (Kerngebiet: Friaul/Italien)
- das Dolomitenladinische/*l ladin dolomitan* (Kerngebiet: Dolomitentäler/Italien)
- das Rätoromanische/*il rumantsch grischun* (auch Bündnerromanisch genannt; Kerngebiet: Kanton Graubünden/Schweiz)
- das Italienische/*l'italiano* (Kerngebiete: Italien, Kantone Tessin und Graubünden/Schweiz)
- das Sardische/*sa limba sarda* (Sardinien/Italien)
- das Korsische/*u corsu* (Korsika/Frankreich)
- das Okzitanische/*l'occitan* (auch Provenzalisch genannt; Kerngebiet: Südfrankreich)
- das Französische/*le français* (Kerngebiete: Nordfrankreich, französische Schweiz, Wallonien/Belgien)
- das Katalanische/*el català* (Kerngebiete: Katalonien, Valencia, Balearen/Spanien und Roussillon/Frankreich)
- das Aragonesische/*l'aragonés* (Kerngebiet: hocharagonesische Täler/Spanien)
- das Spanische/*el español* (oder Kastilisch/*castellano*; Kerngebiet: Kastilien/Spanien)

- das Asturianische/*la llingua asturiana* (auch *bable* genannt; Kerngebiet: Asturien/Spanien)
- das Galegische/*o galego* (auch Galicisch genannt; Galicien/Spanien)
- das Portugiesische/*o português* (Kerngebiet: Portugal)

Einige dieser Sprachen, namentlich das Portugiesische, das Spanische und das Französische, haben sich im Zuge der europäischen Entdeckungen und Kolonisierungen auf anderen Kontinenten (Afrika, Amerika, Asien) als Verkehrs- und Verwaltungssprachen, dann auch als als Erstsprachen ausgebreitet. Diese Sprachen sind heute mehr als andere polyzentrisch. Manche romanische Sprachen sind in den jeweiligen Ländern Mehrheitssprachen, andere Minderheitensprachen, ihr politischer Status kann sehr verschieden sein (offiziell, kooffiziell, amtlich, national, geschützt). Geht man von den Einwohnerzahlen und den Amtssprachen in der Aufstellung von *Der neue Fischer Weltalmanach 2015* aus, sind demografisch am Stärksten das Spanische (inkl. USA, 476 Millionen potentielle Sprecher), das Französische (341 Millionen) und das Portugiesische (261 Millionen), in Europa demografisch relevant das Italienische (61 Millionen), das Rumänische (24 Millionen) und das Katalanische (in Andorra, Katalonien, der Valencianischen Gemeinschaft und auf den Balearen potentiell 14 Millionen), demografisch am Schwächsten sind das Rätoromanische (60.000 laut Wikipedia für das Jahr 2000 s.v. Bündnerromanisch, 2014), das Aragonesische (54.000 laut Francho Nagore 2014), das Dolomitenladinische (39.000 laut Wikipedia s.v. Ladinische Sprache, 2014). Einige romanische Sprachen (das Mozarabische in Südspanien im 13. Jahrhundert, das Ragusäische in Dalmatien im 15. Jahrhundert, das Vegliotische auf der dalmatinischen Insel Veglia/Krk im 19. Jahrhundert) sind wieder verschwunden. Das Portugiesische, das Spanische und das Französische sind im Kontakt mit nicht romanischen, vor allem afrikanischen und asiatischen Idiomen manchmal so stark umstrukturiert worden, dass daraus Sprachen neuen Typs entstanden sind: die sogenannten Kreolsprachen auf portugiesischer, spanischer und französischer lexikalischer Grundlage. Heute (2014) gebrauchen über eine Milliarde Menschen eine romanische Sprache als Erstsprache oder Verkehrsssprache.

Die aufgelisteten Sprachen haben trotz gemeinsamer Ursprünge eine deutliche lexikalische und grammatikalische Eigenständigkeit. Standardsprachen sind jedoch gefilterte Sprachen, in denen stark diastratisch, diatopisch und diachron markierte Formen oder Phänomene eher vermieden werden. Zieht man die diastratischen, diatopischen und diachronen Varianten mit in Betracht, nuancieren sich die Unterschiede der Standardsprachen untereinander mehr oder weniger stark. Als Beispiel diene die Morphologie des Futurs. Das Rumänische ist die einzige romanische Sprache, die dafür die Bildung <wollen + Infinitiv> (*voi cânta* ‚ich werde singen') standardisiert hat. Aber in der welschen Schweiz wird oft *vouloir* als Hilfverb für das Futur verwendet (cf. *tu veux tomber* für *tu tomberas*, LRL Art. 333 c), §3.). Ähnliches findet man in norditalienischen Dialekten: „Alcuni dialetti del Piemonte settentrionale e del Canton Ticino usano in senso di futuro la perifrasi volo+infinito, cf. il ticinese *al völ mandà* ‚lo manderò' (AIS, 11), ossolasco (Val d'Antrona) *al vé mandà* (ibid.), ticinese *a vöi be mia dormí*, Antrona *a m vé mi pò durmí* ‚non dormirò' (AIS, 65), *ai vé pé vònd admañ* ‚le venderò domani (1146), *a véi fá* ‚farò' (Nicolet, 79)." (Rohlfs, §592). Ansätze zu einer deratigen Bildung hat es auch im Altfranzösischen und im Altaragonesischen gegeben (cf. Chrétien de Troyes, *Perceval* 2033–2033: „Un coutel tot de fin acier, / Que me volrai el cuer fichier" ‚ein Messer aus reinem Stahl, das will/werde ich mir ins Herz stoßen').

2 Ein gemeinsamer historischer Typus

Dank der bis heute wirksamen lateinischen Grundlage können wir davon ausgehen, dass die romanischen Sprachen einen gemeinsamen historischen Sprachtypus darstellen. Wenn wir die heutigen romanischen Standardsprachen miteinander und mit dem Latein vergleichen, um ihre tendenziellen Gemeinsamkeiten untereinander und ihre Distanzierung von der Grundsprache zu eruieren, ergibt sich eine Reihe typisierende Merkmale, die aber in jeder Sprache unterschiedliche Frequenz aufweisen können und deren konkreter Ursprung nicht immer identisch sein muss.

Grundwortschatz
Der referentielle Grundwortschatz (d. h. die Bezeichnungen für Körper und seine Bewegungen, Familie, Haus und Hausrat, Haustiere, wilde Tiere der Umgebung, elementare Naturerscheinungen) besteht tendenzmäßig aus lateinischen Erbwörtern:

‚Mann': rum. *om*, it. *uomo*, fr. *homme*, kat. *home*, sp. *hombre*, pg. *homem* (< HOMO)
‚Frau': *femeie, donna, femme, dona, mujer, mulher* (< FAMILIA, DOMINA, FEMINA, MULIER)
‚Haus': *casă, casa, chez/maison, casa, casa, casa* (< CASA, MANSIO)
‚Ameise': *furnică, formica, fourmi, formiga, hormiga, formiga* (< FORMICA)
‚Sonne': *soare, sole, soleil, sol, sol, sol* (< SOL, SOLICULUS)

Neologische Wortbildungen
Neologische Ableitungen im adjektivischen Bereich bestehen tendenzmäßig direkt oder indirekt aus gelehrten, phonetisch adaptierten griechisch-lateinischen Elementen:

> ‚Wasser ...': *acvatic, acquatico, aquatique, aquàtic, acuático, aquático*
> ‚lesbar': *lizibil* (auch: *citeț* < a *citi*), *leggibile, lisible, llegible/llegívol, legible/leíble, legível*
> ‚Wein ... ': *vinicol, vinicolo, vinicole, vinícola, vinícola, vinícola*

Für neologische nominale Zusammensetzungen wird tendenzmäßig das Muster <bestimmtes Nomen + Präposition + bestimmendes Nomen/bestimmende Infinitivform> verwendet:

> ‚Waschmaschine': *mașină de spălat rufe, lavatrice, machine à laver/laveuse, màquina de rentar/rentadora, lavadora, máquina de lavar/lavadeira*
> ‚Bergschuhe': *bocanci de munte, scarpe da montagna/scarponi, chaussures de montagne, sabates de muntanya, botas de monte, sapatos de montanha*
> ‚Turnschuhe': *pantofi (de) sport, scarpe da ginnastica, chaussures de gymnastique, sabates de gimnasta, zapatillas de deporte, sapatos de ginástica*

Wortklassen
Die Wörter lassen sich aufgrund morphosyntaktischer und semantischer Kriterien in folgende Klassen einteilen: Substantive, Adjektive, Artikel, Pronomi-

na, Verben, Adverbien, Adpositionen (tendenzmäßig Präpositionen), Konjunktionen, Interjektionen.

Nominale Morphologie
Die nominale Morphologie (Substantive und Adjektive) variiert tendenzmäßig nach Genus und Numerus, nicht aber nach Kasus. Nominale Kasus haben sich regressiv oder fossilisiert in verschiedenen Sprachen erhalten.

Nichtmarkierte Deixis
Die nicht markierte Deixis der Substantive wird tendenzmäßig durch unbestimmte und bestimmte Artikel signalisiert.

Markierte Deixis
Alle romanische Sprachen verfügen über mindestens ein demonstratives Zweiersystem aufgrund von ISTE (Nähe) bzw. ILLE (Ferne), häufig mit präfigiertem ECCUM/ECCE oder suffigierten -*a*.

Personalpronomina
Im System der Personalpronomina ist eine reduzierte Deklination bewahrt, und es werden nicht klitische und klitische Formen unterschieden. Die Setzung des Subjektpronomens in der Konjugation hat tendenzmäßig hervorhebende Funktion.

Unbestimmter Agens
Für die unbestimmte Form der dritten Person – im Latein durch das Passiv (*amor* ‚man liebt mich', *vivebatur* ‚man lebte') oder durch bestimmte Verbalformen im Aktiv, die kein explizites Subjekt haben (*dicunt* ‚man sagt') ausgedrückt – haben sich in den romanischen Sprachen eigene Pronomina entwickelt. Sie werden abgeleitet vom lateinischen Substantiv *homo* (rum. *face omul ce poate*, altit. *uomo dice*, fr. *on dit*, kat. *hom diu*, altsp. *omne toma*, altpg. *homem*), vom Zahlwort *unus* (it. *uno dice*, sp. *si uno lo piensa*) oder vom Reflexivpronomen *se* (rum. *se zice*, it. *si dice*, fr. *il se brûla par an dans la cathédrale mille livres de cire*, kat. *es diu*, sp. *se dice*, pg. *diz-se*).

Konjugationsklassen
Im Verbalsystem werden aufgrund der Endung des Infinitivs und der Themengestaltung drei bis sechs – produktive und unproduktive – Konjugationsklassen unterschieden:

Rumänisch:	*a cânta/a lucra* (mit Infix in den Personen 1.2.3. Sg. und 3. Pl. Präsens Indikativ und Konjunktiv), *a putea* (unproduktiv), *a răspunde* (unproduktiv), *a auzi/a citi* (mit Infix in den Personen 1.2.3. Sg. und 3. Pl. Präsens Indikativ und Konjunktiv), *a coborî/a hotărî* (mit Infix in den Personen 1.2.3. Sg. und 3. Pl. Präsens Indikativ und Konjunktiv)
Surselvisch:	*cumprar/telefonar* (mit Infix in den Personen 1.2.3. Sg. und 3. Pl. Präsens Indikativ und Konjunktiv), *temér* (unproduktiv), *vènder* (unproduktiv), *sentir/capir* (mit Infix in den Personen 1.2.3. Sg. und 3. Pl. Präsens Indikativ und Konjunktiv)
Italienisch:	*cantare, temere* (unproduktiv), *vendere* (unproduktiv), *finire* (mit Infix in den Personen 1.2.3. Sg. und 3. Pl. Präsens Indikativ und Konjunktiv)/*dormire*
Französisch:	*chanter, recevoir* (unproduktiv), *rendre* (unproduktiv), *finir*
Katalanisch:	*cantar, témer* (unproduktiv), *perdre* (unproduktiv), *sentir/servir* (mit Infix in den Personen 1.2.3. Sg. und 3. Pl. Präsens Indikativ und Konjunktiv)
Spanisch:	*cantar, comer* (unproduktiv), *partir*
Portugiesisch:	*cantar, comer* (unproduktiv), *partir*

Infinite Verbalformen
Alle romanischen Standardsprachen verfügen über Infinitive, Gerundien und Perfekt-Partizipien.

Finite Verbalformen
Im Verbalsystem der finiten Formen werden verschiedene Modi und Tempora mit einfachen und für die Tempora der Vergangenheit/der Perfektivität auch zusammengesetzten Paradigmen unterschieden. Im Gegensatz zum Latein

besteht ein eigener morphologischer Konditionalmodus. Der Indikativ Präsens entwickelt sich stark ähnlich mit deutlicher Markierung der 1. und 2. Person Plural:

rum. *cânt, cânți, cântă, cântăm, cântați, cântă*
it. *canto, canti, canta, cantiamo, cantate, cantano*
fr. *je chante, tu chantes, il chante, nous chantons, vous chantez, ils chantent*
kt. *canto, cantes, canta, cantem, canteu, canten*
sp. *canto, cantas, canta, cantamos, cantáis, cantan*
pg. *canto, cantas, canta, cantamos, cantais, cantam*

Verbalperiphrasen
Für den Ausdruck von Aspekten (Unmittelbarkeit in der Zukunft oder in der Vergangenheit: ‚ich werde gleich singen', ‚ich habe gerade gesungen'; virtueller Prozess oder Handlungsablauf: ‚ich wollte gerade singen'; allmähliche Entwicklung eines Prozesses: ‚ich singe gerade') werden tendenziell Verbalperiphrasen verwendet, die morphologisch folgender Formel entsprechen: <Hilfsverb (vor allem ‚sein', ‚gehen', ‚kommen') + (eventuell) Präposition + nicht konjugierte Form (Infinitiv, Gerundium; im Rumänischen eher *să* + Konjunktiv) des semantischen Hauptverbs>

Passiv
Für den Ausdruck des Passivs werden zusammengesetzte Formen mit einem Hilfsverb <SEIN> oder Reflexivformen mit <SICH> verwendet.

Modaladverbien
Modaladverbien werden tendenzmäßig mit dem Suffix <-MENTE> gebildet.

Unterordnung
Für den Ausdruck der syntaktischen Unterordnung können außer expliziten konjunktionalen Nebensätzen vor allem bei gleichbleibendem Subjekt bestimmte verkürzende infinite Verbalkonstruktionen (Gerundium, präpositionaler Infinitiv) dienen. Keine romanische Sprache führt die Konjunktionen *cum* und *ut* weiter.

Kongruenz
In der Nominalgruppe kongruieren Determinantien und Adjektive mit dem entsprechenden Substantiv.
Im Satz kongruiert das verbale Prädikat mit dem nominalen oder pronominalen Subjekt.

Satzordnung
In der Satzkonstruktion wird tendenzmäßig eine präsentative Satzordnung (<präsentatives Verb + präsentiertes Substantiv> für die Einführung eines Themas) und eine prädikative Satzordnung (<Subjekt in Form eines Substantivs oder Pronomens + Prädikat in Form eines konjugierten Verbs + Ergänzungen> für schon eingeführte Themen) unterschieden.

Satzglieder
Die Funktion der Satzglieder wird tendenzmäßig nicht durch Kasus, sondern durch Satzstellung und durch Präpositionen angegeben.
Das nominale Direkte Objekt und das nominale Indirekte Objekt stehen tendenziell unmittelbar hinter dem Prädikat, wobei das Direkte Objekt tendenziell vor dem Indirekten Objekt steht.

Indirekte Rede
In der Indirekten Rede müssen in Abhängigkeit von Tempora der Vergangenheit tendenzmäßig andere Tempora und/oder Modi verwendet werden als in Abhängigkeit von Präsens oder Futur (consecutio temporum).

Wir können also feststellen, dass die heutigen romanischen Standardsprachen unabhängig von der in ihnen vorzufindenden mehr oder weniger großen Variation wesentliche gemeinsame Strukturen in der Morphologie und in der Syntax aufweisen. Diese Gemeinsamkeiten gehen nicht nur auf die lateinische Grundlage, sondern auch auf die ständige Präsenz lateinischer grammatikalischer und textueller Modelle und auf die häufigen interromanischen Einflüsse zurück. Wir können daher auf einer mehr oder weniger abstrakten strukturellen Ebene von einem romanischen Sprachtypus sprechen.

3 Romanische Sprachgruppierungen

Zur deutlicheren und leichter unterscheidbaren Erfassung der Einheiten einer Gesamtheit kann man versuchen, diese Einheiten aufgrund von Ähnlichkeiten und Unähnlichkeiten in Untergruppen einzuteilen. Die Ähnlichkeiten unter den romanischen Sprachen können mehr oder weniger groß sein: für ‚singen' besitzen sie alle einen sehr ähnlichen Infinitiv (rum. *a cânta*, it. *cantare*, fr. *chanter*, kt. sp. pg. *cantar*), für das Pronomen ‚niemand' bilden sie trotz lateinischem Material alle verschiedene Wörter (*nimeni, nessuno, personne, ningú, nadie, ninguém*). Die heute feststellbaren Ähnlichkeiten und Unähnlichkeiten können auf Zufall, auf diastratische Unterschiede, auf die Einwirkung von sogenannten Substraten und Adstraten oder auf politisch-historische Gebilde zurückgehen.

In seiner *Grammatik der romanischen Sprachen* (Bonn, [4]1876–1877, [1]1836–1838) schlug Friedrich Diez eingangs eine geographische Gruppierung der romanischen Sprachen vor, wobei eine intuitive relative Ähnlichkeit unter den Sprachen eine Rolle gespielt haben dürfte:

„Sechs romanische Sprachen ziehen von Seiten grammatischer Eigenthümlichkeit oder litterärischer Bedeutung unsre Aufmerksamkeit auf sich: zwei östliche, die italienische und walachische; zwei südwestliche, die spanische und portugiesische; zwei nordwestliche, die provenzalische und französische." (I, 3)

„Im Italienischen muß man jedoch einen stärkeren Einfluß des Nominativs zugeben; auch tragen nicht wenige Wörter der dritten den Stempel dieses casus: so *cardo, sarto* (sartor), *lampa* (lampas), *sangue, suora* für *suore* (soror), *tempésta, uomo* (homo), *vespertillo, vieto* (vetus). – Das Walachische stimmt ziemlich mit dem Italienischen zusammen; unläugbare Nominativformen wie *z'ude* (judex), *leu* (leo), *sore* (soror) liegen auch hier vor." (Zu den Casus, II, 8–9)

Eine gewisse Ähnlichkeit zwischen Rumänisch und Italienisch hatten schon im 15. Jahrhundert der byzantinische Historiker Laónikos Chalkokondýles (ca. 1423–1490) in seinen Ἀποδείξεις Ἱστοριῶν (Historiarum demonstrationes) und

Papst Enea Silvio Piccolomini in seiner *Cosmographia seu Rerum ubique gestarum historia locorumque descriptio* (ca.1458–1461) festgestellt (cf. Einleitung). Geht man von den heutigen Standardsprachen aus, scheinen das Rumänische und das Italienische eine Reihe Ähnlichkeiten aufzuweisen, die in den übrigen romanischen Sprachen nicht oder nur in Ansätzen vorhanden sind:

- Behandlung von intervokalischen *p, t, k* vor *a, o, u*
  Im Rumänischen und Italienischen als stimmlose Verschlusslaute bewahrt, in den übrigen Sprachen weiter eventuell bis zum Schwund entwickelt: RIPA/RIPARIA > rum. *râpă*, it. *ripa/riva*, fr. *rive*, kat. *riba*, sp. *riba/ribera*, pg. *riba/ribeira*; ROTA > *roată, ruota, roue, roda, rueda, roda*; DICO > *zic, dico, je dis* (afr. *di*), *dic* (< *digo*), *digo, digo*
  Wie Rohlfs §194, 199, 205 für das Italienische zeigt, ist aber diese Verteilung nicht durchgehend. Intervokalische *p/t/k* sind zudem im Aragonesischen und im Bearnesischen erhalten (cf. arag. LUPUM > *lopo*, BATACULUM > *batajo*, UMBILICUM > *melico*, LRL 360.5.10 und Menéndez Pidal 1950, §46.3).

- Behandlung von anlautendem *s-* vor Konsonant (*s complicata* oder *impura*)
  Im Gegensatz zum Rumänischen und zum Italienischen verlangen die übrigen romanischen Sprachen vor anlautendem *s* vor Konsonanten einen Stützvokal (*stea, stella, étoile* < afr. *esteile, estrella, estrella, estrela*). Die Hinzufügung eines prothetischen Vokals am Wortanlaut hängt mit der heterosyllabischen Silbenstruktur im Wortfluss zusammen (Sampson 2010, 233). Nicht zufällig hält sich das prothetische *i-* im Italienischen nach Wörtern, die auf Konsonant enden, um eine traditionell unübliche Konsonantenfolge zu vermeiden, auch wenn es heute im Rückzug ist (*con isconto/con sconto, per isbaglio/per sbaglio, in Isvizzera/in Svizzera*; Serianni 1988, I.71.; Rohlfs § 187).

- Realisierung des nominalen und pronominalen Pluralmorphems
  Während sich im Rumänischen und im Italienischen die maskulinen Nominativformen auf *-i* durchsetzen (*lupi, noi; lupi noi*), werden in den übrigen romanischen Sprachen die Akkusativformen auf *-s* (bündnerrom. *lufs, nus*; sard. *lupos, nóis*; fr. *loups, nous*; kat. *llops, nosaltres*; sp. *lobos, nosotros*; pg. *lobos, nós*) verallgemeinert.
  Die Nominativformen dürften sich in beiden Sprachen unabhängig voneinander durchgesetzt haben wegen des frühen Schwunds von *-s*

und dementsprechend des Zusammenfalls von Akkusativ Plural und Singular (cf. 9.3.).
- Realisierung des Endungsmorphems der 2. Person Singular
Im Rumänischen und im Italienischen setzt sich in den verschiedenen Konjugationen als Endungsmorphem *-i*, in den übrigen Sprachen das Endungsmorphem *-s* durch (*cânți, canti, tu chantes, cantes, cantas, cantas*).
Das Endungsmorphem *-i* dürfte eine analoge Übertragung aus der 4. Konjugation gewesen sein (*dormi* < DORMIS, cf. Rohlfs §528) und dürfte mit dem Schwund von *-s* in Zusammenhang stehen.
- Realisierung der 2. Person Singular des negativen Imperativs
Im Gegensatz zu den anderen romanischen Sprachen wird im Rumänischen und im Italienischen für den negierten Imperativ der 2. Person Singular der Infinitiv verwendet (*nu cânta, non cantare* vs. *ne chante pas, no cantis, no cantes, não cantes*).
Der Gebrauch des Infinitivs für den singulären negativen Imperativ besteht auch im Engadinischen (*nu chantar!*, cf. LRL 226, 3.3.3.1) und bestand im Altfranzösischen (Sneyders de Vogel 1927, §202,b, z.B. „Dames Deus pedre, n'en laisser honir France") und im Altprovenzalischen (Schulz-Gora 1906, § 185, z.B. „dels autres frugz mania, mas non maniar d'aquest").
- Der unpersönliche Ausdruck des Vorhandenseins
Während man im Rumänischen und im Italienischen für den unpersönlichen Ausdruck des Vorhandensein das Verb SEIN verwendet, wird in den übrigen romanischen Sprache das Verb HABEN gebraucht (*este multă lume, c'è molta gente, il y a beaucoup de monde, hi ha molta gent, hay mucha gente, há muita gente*). Allerdings besteht im Italienischen auch die Konstruktion *vi ha* und im Französischen, *il était une fois*.

Andere Ähnlichkeiten sind zufällige ähnliche Ergebnisse verschiedenen Ursprungs, so die betonten Akkustativformen der Personalpronomina rum. *mine/tine* (analog zu *cine* < QUEM, cf. Rothe §157) und ait. *mene/tene/sene* (mit paragogischem *-ne*, cf. Rohlfs §336). Auch die Parallelität der wertenden Präfixe it. *stra-*/rum. *stră-* (< EXTRA), im Italienischen sehr produktiv (*strafare, strapagare, strapieno, stravecchio*; Rohlfs §1013), im Rumänischen kaum produktiv (*străbun, strănepot, a străluci*) dürfte eine zufällige Koinzidenz sein.

Es ist schwierig, eine erklärende Korrelation für diese Phänomene der rumänischen und der italienischen Standardsprache zu finden. Die Substrate, Adstrate und Superstrate in Dacien und in Italien waren sehr verschieden. Rumänien und Mittel- und Unteritalien haben nie eine politische Einheit gebildet. Wartburg hat in den dreißiger Jahren des 20. Jahrhundert eine soziologische Erklärung („die sozialen Unterschiede zwischen den Übermittlern der lateinischen Sprache", Wartburg 1936, 47) vorgeschlagen:

> „Die Bevölkerung der Länder nördlich der untern Donau ist also in besonders weitem Umfang aus der Kolonisteneinwanderung hervorgegangen, die Latinisierung dieser Provinz wurde in wesentlichen Teilen von den unteren Bevölkerungsschichten getragen, die eben, besonders wenn sie aus Italien kamen, die rustike Aussprache des Latein mitbrachten und in das neue Land verpflanzten." (Wartburg 1950, 22; schon Wartburg 1936)

Diese Kolonistenwanderung könnte im besten Falle die Ähnlichkeit des Verstummens des Endungs-*s* und die folgende Präferenz für die nominativischen Pluralformen anstatt der akkusativischen erklären, kaum aber die weiteren Merkmale, die auch sprachsystemisch nicht korrelieren. Bricht man allerdings die phonetischen Merkmale sprachgeographisch herunter, kommt man zur sogenannten Linie La Spezia – Rimini, zu einem Streifen, der ungefähr von La Spezia bis Rimini am mittleren Appenninenhang läuft, an dem man ein Bündel von verschiedenen Isoglossen feststellen, die schon eher mit Substrateinwirkungen erklärbar sein könnten (Tagliavini 1972, § 68). Als Merkmale kämen u.a. hinzu Bewahrung/Degeminierung der Geminaten (*spalla* vs. *spala*; Degeminierung auch rumänisch: *cal* < CABALLUM) oder Bewahrung/Schwund von -*e* (*sale* vs. *sal*; Bewahrung auch rumänisch: *sare*).

Die vermeintliche Ähnlichkeit zwischen Rumänisch und Italienisch dürfte auf die auditiv deutliche Wahrnehmung der intervokalischen stimmlosen Verschlusslaute *p/t/k* und auf den Schwund von -*s* und dementsprechend die Bewahrung von Nominativformen zurückgehen. Die sechs Merkmale sind im Sprachsystem verstreut, die Substrate sind auf dem Balkan und in Italien sehr verschieden, es gibt auch keine Korrelierung zwischen politischen Einheiten auf dem Balkan und Italien. Die sogenannte Linie La Spezia – Rimini als Grundlage für eine Einteilung der romanischen Standardsprachen in Ostromania und Westromania erweist sich somit als inkonsistente Erfindung. Auf die Fragwürdigkeit dieser Einteilung hatte schon Mario Pei (1949, 135) hingewiesen: „A ‚fundamental unity' between two or more Romance varieties is postulated on the ground of one or two phenomena which those varieties display in common, as when an ‚East Romance' consisting of Italian south of an imaginary Spezia-Rimini line, Dalmatian and Rumanian is constructed out of the fall of final -s, supported, but not validly, by a supposed non-voicing of intervocalic occlusives. The only wonder is that it has not yet occurred to some ambitious linguist to claim a fundamental unity between Italian and Picard based on similarity of palatalization before the various classes of vowels."

Auch der zweiten großen innerromanischen Einteilung, und zwar in Galloromania und Iberoromania, die in den romanistischen Handbüchern nach dem Zweiten Weltkrieg tradiert wird (cf. z.B. Tagliavini 1972 (^{1}1949), § 63), liegen wahrscheinlich die Vorstellung von Substrateinwirkungen neben nationalstaatlichen Vorstellungen zugrunde. Die Terminologiebildung dürfte auf die Dialektologen des 19. Jahrhunderts zurückgehen. Im Jahre 1853 publiziert Bernardino Biondelli in Mailand seinen *Saggio sui dialetti gallo-italici*, in dem er die gewählte Bezeichnung folgendermaßen begründet:

„Di questo lavoro appunto, da noi esteso a tutte le famiglie italiane, porgiamo un brano nel presente volume, inteso a stabilire la classificazione ragionata dei dialetti *gallo-italici*, designati con questo nome, perchè parlati in quella regione d'Italia, che prima della romana potenza era abitata dai Galli." (XXVIII)

Im Jahre 1887 gründen Jules Gilliéron und der Abbé Rousselot die Zeitschrift *Revue des patois gallo-romans* (1887–1893), allerdings ohne auf die Bezeichnung einzugehen. Der Terminus *iberoromanisch* dürfte nach dem französischen *gallo-roman* gebildet worden sein. Es findet sich z. B. in der Übersicht über sprachgeschichtliche Versuche von Harri Meier *Die Entstehung der romanischen Sprachen und Nationen* (1941, 42–43):

„Der Schwund des auslautenden -s im Italienischen und Rumänischen und damit die besondere Bildung des Plurals aus dem lateinischen Nominativ Plural, dann die weitgehende Bewahrung von -p-, -t-, -k- in den beiden Sprachen haben seit Diez verschiedentlich Anlaß gegeben, von den mancherlei Trennungslinien, die die Romania durchfurchen, diejenigen zwischen Ostromanisch (it., rum.) und Westromanisch (ibero- und galloromanisch einschl. norditalienisch) den Vorrang zu geben; v. Wartburg setzt diese Tradition fort, aber er gibt ihr eine neue Begründung und Bedeutung. Nicht volkliche Unterschiede, Substratverschiedenheiten und nicht besondere historische Ereignisse sollen um das dritte Jahrhundert eine Kluft zwischen dem nord- und mittelitalienischen Dialektgebiet aufgerissen haben und zwei lateinische Sprachgebiete gegeneinander gestellt haben. Diesmal begründen soziale Unterschiede eine grundlegende Differenzierung der Romania."

Heute bestehen im „Hexagon" und auf der Iberischen Halbinsel folgende Standardsprachen: Französisch, Okzitanisch, Katalanisch, Aragonesisch, Kastilisch, Asturianisch, Galegisch und Portugiesisch. Neben den vielen lexikalischen Unterschieden unter diesen Sprachen (z.B. fr. *voiture, fenêtre, fermer*, kat. *cotxe, finestra, tancar*, kast. *coche, ventana, cerrar*, pg. *carro, janela, fechar*) können wir aber trotz fließender Übergänge eine gewisse Zweiteilung von Ähnlichkeiten feststellen:

französisch: *pomme, seigle, cive* (afr.), *oiseau, trou, manger, donner, jaune, petit, matin, été, avec* (< APUD HOC), *leur, en* (INDE), *qui*

okzitanisch: *poma, segal, ceba, aucèl, forat/trauc, manjar, donar, groc* (aokz.), *petit, matin, estiu, amb* (< APUD), *lor, ne, que*

katalanisch: *poma, sègol, ceba, ocell, forat, menjar, donar/dar, groc, petit, matí, estiu, amb, llur/seu, en, qui*

aragonesisch: *mazana, zenteno, zebolla, paxaro/muxón, forau/forato, comer, dar/donar, groc/amariello* (altarag.), *chiquet/pequeñín, mañana, berano, con, suyo/lur* (altarag.), *qui, en*

kastilisch: *manzana, centeno, cebolla, pájaro, agujero, comer, dar, amarillo, pequeño, mañana/matino* (akast.), *verano/estío, con, suyo/su/lur* (akast.), *ende* (akast.)/*por ende* (fossilisiert), *quien*

asturianisch: *mazana, centén, cebolla, páxaru, buracu, comer/xintar, dar, (a)mariellu, pequeñu, mañana, branu/estivu, con, so/suyu, per ende/dende* (fossilisiert), *quien*

galegisch: *mazá, centeo, cebola, paxaro, buraco, comer, dar, amarelo, pequeno, mañá, verán/estío, con, seu, -, quen*
portugiesisch: *maçã, centeio, cebola, ave/pássaro, buraco, comer, dar, amarelo, pequeno, manhã, verão/estio, com, seu, em* (apg.), *quem*

Metzeltin (z. B. 2004, 67–75) hat mehrmals darauf hingewiesen, dass die so feststellbaren Ähnlichkeiten zwischen dem Französischen, dem Okzitanischen und dem Katalanischen einerseits und dem Aragonesischen, Kastilischen, Asturianischen, Galegischen und Portugiesischen andererseits eher auf die Bildung des karolingischen Reichs einerseits und auf die Bildung der asturianisch-leonesichen Monarchie andererseits als administrative und ökonomische Verkehrseinheiten als auf weniger gut fassbare Substrate zurückgehen könnten. Die Aufstellung zeigt auch, dass schon A. Morel-Fatio in der ersten Ausgabe von Gröbers *Grundriss der romanische Philologie* (I, 673) das Katalanische mit Recht zum Galloromanischen gerechnet hat:

„Das Catalanische gehört zur gallo-romanischen und nicht zur hispanischen (castilianisch-portugiesischen) Familie; es ist auch kein Mittelglied zwischen beiden, sondern eine blosse Spielart des Provenzalischen."

Aus nationalem Stolz – das Katalanische ist keine bloße Spielart des Provenzalischen – und zugleich aus politischer Strategie in voller Franco-Ära hat A. Badía Margarit in seiner Eintrittsrede in die Academia de Buenas Letras von Barcelona versucht, das Katalanische aus dieser Klassifizierung herauszunehmen, es eben doch als „Mittelglied", als besondere Sprache, als Brückensprache darzustellen, wobei er zugleich zugibt, dass jede Sprache irgendwie eine Brückensprache sei:

„Así llegamos, pues,a la superación de galorromanismo e iberorromanismo del catalán : el catalán es una lengua-puente; es, como son todas las lenguas que tienen vecinos a un lado y a otro, una lengua de transición entre ellos. Es, en realidad, la consideración que ya intuyó Diez, y no por no comprometerse, sino precisamente después de haberse comprometido, con su primitiva idea de la subordinación del catalán al provenzal. Es, en suma, la posición que adoptó muy posteriormente Walther von Wartburg en la reseña que dedicó a *Das Katalanische* de W. Meyer-Lübke: el análisis de los rasgos fonéticos del catalán nos dice que en su mayoría son de filiación galorrománica; en cambio, la morfología, concretamente la flexión (a la cual Wartburg atribuye papel más decisivo para la caracterización de una lengua), es más bien de tipo iberorrománico; en el vocabulario predominan las voces de naturaleza galorrománica, aunque no se puede desconocer el léxico iberorrománico. En resumen, el catalán es una lengua especial, o como decíamos antes, una lengua puente." (Badía Margarit, 1955, 22–23)

Diese Auffassung ist von vielen Romanisten aufgegriffen worden, der Autor wiederholt sie auch später weiterhin:

„Con todo, a medida que ha transcurrido el tiempo, me he ido reafirmando en la idea de que el catalán participa a la vez, de forma constitutiva y consecutiva, de los mundos galorrománico e iberorrománico." (LRL 349.2.1.)

Wenn es aber in diesem Sprachenensemble eine Sprache gibt, die schwierig einzureihen ist, die eher eine sogenannte Brückensprache ist, weil ihre Formen und Lösungen zwischen Katalanisch und Kastilisch sich bewegen, ist es das Aragonesische und nicht das Katalanische (cf. Metzeltin 2007, 24–26).

Trotz der vermeintlichen oder historisch möglicherweise erklärbaren Trennungslinien bilden die romanischen Sprachen von Italien bis Portugal ein Kontinuum mit fließenden Übergängen, eine kulturelle und sprachtypologische Westromania. Betrachtet man dagen die vielen morphologischen und syntaktischen Konstrukte des Rumänischen, die in der Westromania entweder nicht entwickelt worden oder regressiv sind – man denke nur an die nominalen und pronominalen Deklinationen, an die Grammatikalisierung des nominalen Ambigen, an die Bildung der Kardinal- und Ordinalzahlen, an die Bildung von Futur und Konditional, an die Postponierung des bestimmten Artikels, an den genitivischen Artikel, an den possessiven Dativ, an die konjunktionale Unterscheidung von deklarativen und volitiven Objektsätze –, liegt der Schluss nahe, dass neben der eben neu definierten Westromania eine kulturell und sprachtypologisch differenzierte transadriatische Ostromania mit den

Sprachen Rumänisch und Aromunisch besteht. Die zahlreichen Andersartigkeiten weisen darauf hin, dass es eine längere Diskontinuität zwischen dem Balkan und der restlichen Romania gegeben hat.

4 Unterbrochene Romania

Die Fortsetzer des Lateins bilden heute von Galizien in Nordwestspanien über Frankreich bis nach Istrien ein Kontinuum. Das alte Kontinuum bis nach Moesien und Dakien ist heute durch nicht romanische Sprachen in Slowenien, Kroatien, Ungarn und Serbien unterbrochen. Die Unterbrechung geht auf die Zeit der Völkerwanderungen und die Landnahme durch nichtromanische Volksgruppen (5.–10. Jahrhundert) zurück.

In Italien, in Gallien/Frankreich und auf der Iberischen Halbinsel entwickeln sich auch nach dem Zerfall des Römischen Reichs im Jahre 476 stabilisierende Staatsbildungen und Textserien mit katholischer Leitreligion und lateinischer Leitsprache kontinuierlich weiter. In Italien folgen u.a. aufeinander das Ostgotenreich, das Langobardenreich, die karolingische Vorherrschaft, das *regnum Italiae* innerhalb des Heiligen Römischen Reichs Deutscher Nation; in Frankreich etablieren sich die Reiche der Merowinger, der Karolinger und der Kapetinger; auf der Iberischen Halbinsel entstehen nach dem Zusammenbruch des Westgotenreichs die katalanischen Grafschaften und die Königreiche Aragon, Navarra und Asturien. In all diesen Regionen werden weiterhin historiographische und enzyklopädische Werke, Gesetzestexte, Urkunden redigiert, so in Italien das *Liber pontificalis* (6.–9. Jahrhundert) und die langobardischen Urkunden, in Frankreich die *Decem libri historiarum* von Gregor von Tours (6. Jahrhundert) und die karolingischen Capitularien, auf der Iberischen Halbinsel die Werke des Isidor von Sevilla (6.–7. Jahrhundert) und das *Forum iudicum* (7. Jahrhundert). Die verwendete Sprache ist ein sich im Wandel befindendes Latein, das allmählich von den romanischen Volkssprachen ersetzt wird. Dieser allmähliche Übergang lässt sich zum Beispiel anhand der Urkundenserien ziemlich genau verfolgen. Wie die Bestimmungen der Bischofskonzilien zu Tours (813) und zu Mainz (847) zum Sprachengebrauch bei den Predigten oder die Kommentare Nithards zu den Straßburger Eiden in seinen *Historiarum libri IIII* aus demselben Jahrhundert zeigen, besteht in all diesen Regionen das Bewusstsein der Existenz einer Bevölkerung mit romanischer Sprache (*rustica romana lingua, romana lingua*). Die ständige Präsenz des Lateins als Hochsprache aber und die regen Kontakte unter den romanischen Volksgruppen – man denke nur an die Pilgerfahrten nach Santiago de Compostela oder nach Rom – dürften wichtige Faktoren gewesen sein, die ein zu starkes Auseinanderdriften der Sprachen im romanischen Kontinuum gebremst haben. Portugiesisch, Spanisch, Katalanisch, Okzitanisch, Französisch und Italienisch sind seit ihrem Entstehen immer wieder „relatinisiert" und „fortromanisiert" worden. Sie bilden ein zentripetales romanisches diatopisches Kontinuum.

Im oströmischen Reich dagegen bleibt die romanische Kontinuität Jahrhunderte lang unbelegt und unerwähnt. Bei der Teilung des Römischen Reiches im Jahr 395 fielen die moesischen Provinzen an Ostrom, das die Region bis zum Ende der Herrschaft des Kaisers Maurikios (602) halten konnte. Diese Provinzen könnten neben Dalmatien ein Kerngebiet der Romanität auf dem Balkan gewesen sein (Kramer 1999/2000, 154–157). Darauf weisen auch die lateinischen und romanischen Sprachreste hin, die Petkanov für folgendes Gebiet ausfindig gemacht hat: „L'area costituita dalle parlate bulgare nordoccidentali, da quelle della Serbia orientale e giù fino a Skopje nella Macedonia, reca il maggior numero di vestigi latini, preromanzi e preromeni, fra tutta quanta la sezione orientale della Penisola balcanica. Nel campo della lingua tali resti si possono facilmente osservare nella toponomastica, ma anche nel lessico comune." Dafür zitiert er eine Reihe von Beispielen, die nur teilweise den slawischen Phonetismus (*a>o*, Liquidametathese) mitgemacht habe (cf. *ploča* ‚lastra, piastrella' < lat. *platēa*, westbg. ostserb. *kokol* ‚chicco di loglio nel grano' < lat. *coccula/cocculus*, westbg. *altare* < lat. *altare*, aber gemeinbg. *oltar*, *Timachus* > *Timok*, *Almus* > *Lom*; Petkanov 1970). Allerdings löst sich die römische Lebenswelt dort in den Wirren der Völkerwanderungen und der sich stets verändernden Grenzen der verschiedenen Reiche – man denke nur an die Reiche des bulgarischen Zaren Simeon I. (893–927) und des byzantinischen Kaisers Basileios II. (960–1025) – allmählich auf. Es finden kontinuierlich Bevölkerungsverschiebungen und auch neue Gruppensymbiosen statt.

Zwischen dem 7. und dem 11. Jahrhundert gibt es kaum Hinweise über romanische Bevölkerungssgruppen auf dem ehemaligen romanisierten Gebiet des Balkans. Erst ab dem 11.–12. Jahrhundert berichten byzantinische und ungarische Quellen von romanischen Gruppen in verschiedenen Verbänden und Gegenden. Der anonyme Autor der *Annales barenses* aus der Mitte des 11. Jahrhundert erwähnt bezogen auf das Jahr 1027 auch *Vlachi* unter den Truppen von Kaiser Konstantin VIII. (1025–1028) in Italien. Der byzantinische Aristokrat Kekauménos berichtet in seinem Traktat *Strategikón* (oder „Ratschläge und Erzählungen", ca. 1075–1078, Kap: 6–8 und 9, cf. Elian/Tanaşoca 1975, pp. 27–37 und 39–43) zum Jahr 1066 vom Aufstand von Griechen, Wlachen (Βλάχοι) und Bulgaren im Thema Ellada; die Wlachen hätten ihre Tiere und ihre Frauen zum Schutz in die Berge „Bulgariens" gebracht; sie wohnten früher an der Donau und der Sawe, nach kriegerischen Auseinandersetzungen mit den Romei hätten sie sich im Epiros, Makedonien und Ellada niedergelassen. Wlachen waren bei dem Aufbau des Zweiten Bulgarischen Reichs (1186–1393) maßgeblich beteiligt, wie der Titel *Rex Bulgarorum et Blachorum* zeigt, den Papst Innozenz III. dem Zaren Kalojan Asen (Johannicius; 1197–1207) verlieh. Der Historiker Georgios Pachymeres (1242–nach 1308) berichtet in seinen Συγγραφικαί ιστορίαι (cf. Elian/Tanaşoca 1975, p. 449) zum Jahr 1285, dass die Wlachen, die als Hirten und für ihre Kriegstüchtigkeit bekannt seien, sich bis fast nach Konstantinopel verbreitet hätten.

Zwischen 1268 und 1318 bestand in Thessalien eine byzantinische Verwaltungseinheit Große Walachei (Μεγάλη Βλαχία). Südlich der Donau assimilieren sich die romanischen Gruppen allerdings zu einem großen Teil der bulgarischen und serbischen Bevölkerung, zu einem kleineren Teil setzen sie ihre romanische Identität als eher isolierte Gruppen ohne eigene Staatsbildung weiter. Diese Wlachen dürften die Vorfahren der heutigen Aromunen sein, die in verschiedenen Gruppen vor allem im Pindosgebirge, aber auch in Mazedonien und Albanien leben. Sie führen zwar ihre Volkstraditionen weiter, haben aber bis heute keine eigenen Staatlichkeiten und keine Standardsprachen entwickelt. Sprachwissenschaftlich werden sie erst im 18. Jahrhundert wahrgenommen. Theodoros Anastasios Kaballiotes, Leiter der Neuen Akademie in Voskopoja, gibt 1770 in Venedig ein auf Neugriechisch verfasstes religiöses Lehrbuch heraus (Πρωτοπειρία παρά του σοφολογιωτάτου...), das auch ein Verzeichnis von 1170 Wörtern auf Neugriechisch, Vlachisch (Βλάχικα) oder Aromunisch und Albanisch enthält (Plasari 2000, 11–20). Darauf aufbauend beschreibt der schwedische Gelehrte Johann Thunmann in seinem Werk *Über die Geschichte und Sprache der Albaner und der Wlachen* (1774) das Aromunische folgendermaßen:

„Sie (sc. die Thracier) haben sich wirklich erhalten: aber verändert haben sie sich auch auf die sichtbarste Weise. Ihre Gebirge retteten sie von der Vernichtung: aber sie konnten nicht verhindern, daß das Volk fast unkenntlich und sich selbst unähnlich wurde. Am deutlichsten hat sich dieses in ihrer Sprache gezeigt: denn die Sprache der jenseits der Donau wohnenden Wlachen ist diese verändert thracische Sprache. Gerade die Hälfte derselben (ich habe nachgezählt) ist Lateinisch. Drei Achttheile sind Griechisch, zwei Gothisch, Slavisch und Türkisch, und die drei übrigen aus einer Sprache, die mit dem Albanischen viele Ähnlichkeiten gehabt hat: denn über siebenzig Wlachische Wörter kommen mit eben so vielen Albanischen überein: und jene Albanische Wörter, die mit den übrigen von den letzten 3/8 der Wlachischen Sprache gleiche Bedeutung haben, sind mehrenteils Lateinischen Ursprungs." (Thunmann 1979, 339)

Einen systematischen Kodifizierungsversuch des Aromunischen (Details hierzu in Kahl 2006, 245–266) legt erst 1813 Michael G. Bojadschi mit seinem, in Wien gedruckten Werk *Romanische, oder Macedonowalachische Sprachlehre* vor.

Das Gebiet der heute rumänisch geprägten Länder lag dagegen lange Zeit im Blickfeld und im Besetzungsinteresse von Ungarn, Byzantinern und Mongolen, später auch von Polen, Osmanen und Habsburgern. Die Romanen sind Symbiosen mit ganz verschiedenen nichtromanischen Gruppen eingegangen wie Slawen (daher die Herrscherbezeichnung *voievod*), Magyaren (daher die Bezeichnung *oraş* für die Stadt), Petschenegen und Kumanen (daher Toponyme wie *Teleorman* (cf. türk. *teli* ‚wild, verrückt') und *Comăneşti*). Trotz dieser Symbiosen wird die romanische Bevölkerung vor allem ab der Etablierung der Fürstentümer Walachei und Moldau im 14. Jahrhundert definitiv prägend. Die missionarische Auseinandersetzung zwischen dem katholischen Königreich Ungarn und dem orthodoxen Byzantinischen Reich endete aber mit einer stärkeren Integrierung der rumänisch geprägten Länder in die byzantinische Kultursphäre, es wurde das byzantinische Kirchenrecht (Nomokanon) übernommen, als Sprache der Liturgie, der Kirche und der Verwaltung setzte sich anfangs das Kirchenslawische durch (Dahmen 2003, §1 und §4), das dann allmählich ab dem 16. Jahundert durch das Rumänische ersetzt wurde.

Nördlich der Donau erwähnt der Anonymus der *Gesta Hungarorum* (12. Jahrhundert, Kopie aus dem 13. Jahrhundert) mit Bezug auf Pannonien zur Zeit von Arpad (ca. 845–907) Wlachen und „Hirten der Römer" und verweist somit auf zwei konstitutive Elemente der romanischen Bevölkerung in Pannonien, nämlich ihren Zusammenhang mit Rom und ihre Hirtenwirtschaft (Dahmen 2003, §1):

> „Et laudabant eis terram pannonie ultramodum esse bonam. Dicebant enim, quod ibi confluerent nobilissimi fontes aquarum, danubius et tyscia, et alij nobilissimi fontes bonis piscibus habundantes. Quem terra habitarent sclauij, Bulgarij et Blachij, ac pastores romanorum. Quia post mortem athila regis terram pannonie romani dicebant pascua esse, eo quod greges eorum in terra pannonie pascebantur. Et iure terra pannonie pascua romanorum esse dicebatur, nam et modo romani pascuntur de bonis Hungarie." Derselbe Autor zitiert auch u.a. einen „Gelou dux blacorum".

Die ungarischen, in der Regel auf Latein verfassten Urkunden des Mittelalters erwähnen seit der ersten Hälfte des 13. Jahrhundert mit den Bezeichnungen *Blachi, Olati, Olaci, Olachi, Olahi, Walachi, Volachi, Wlachi, Volahi* häufig einzelne Romanen oder Gruppen von Romanen in Transsilvanien und in der Walachei. Territoriale Gebundenheit solcher Gruppen sind ebenfalls seit dem 13. Jahrhundert belegt. Im Jahre 1211 mit Bestätigung 1222 verleiht der ungarische König Andreas II. dem Deutschen Ritterorden, der „fraternitas hospitalis sancte Marie Theutonicorum Jerosolimitani" das Burzenland, „terram, Burza nomine, ultra silvas, versus Cumanos, licet desertam et inhabitatam", wobei er bestimmt, dass, wenn sie „per terram Siculorum aut per terram Blacorum" gehen, sie „nullum tributum debeant persolvere" (DRH. D, 1–2). König Bela IV. schenkt 1247 demselben Orden die Țara Severinului im heutigen Banat und Oltenien, wobei er aber zwei Walachenländer ausnimmt:

> „damus et conferimus (…) dicte domui totam terram de Zeurino cum alpibus ad ipsam pertinentibus et aliis attinentiis omnibus, pariter cum kenezatibus Joannis et Farcasii usque ad fluvium Olth, excepta terra kenezatus Lytuoy woiauode, quam Olatis relinquimus, prout iidem hactenus tenuerunt" (Gebiet des Litovoi auf der Ostseite des Olt)

„Ad hec contulimus (...) domui Hospitalis a fluvio Olth et alpibus Ultrasiluanis totam Cumaniam, sub eisdem conditionibus, que de terra de Zeurino superius sunt expresse, excepta terra Szeneslai, woiauode Olatorum, quam eisdem relinquimus, prout iidem hactenus tenuerunt" (Gebiet des Seneslav auf der Westseite des Olt; DRH. D, 22–23).

König Ludwig I. erwähnt in einer Urkunde aus 1360 eine Reihe von „walachischen" Ortschaften in der Maramuresch:

„quasdam villas nostras Olachales, Zalatina, Hatpatokfalva, Kopacsfalva, Deszehaza, Hernicshaza et Sugatafalva vocatas, in Maramarusio existentes" (heute Zalatina, Breb, Kopacsfalva, Deseşti, Hărniceşti, Sat-Şugatag; DRH. D, 75)

Transsilvanien bildet aber innerhalb des ungarischen Reichsverbands trotz mancher Sonderrechte keine staatliche Einheit, sondern sie besteht aus den sieben ungarischen Komitaten, dem Königsboden und den sieben Szeklerstühlen. Es wird anerkannt, dass es vier verschiedene „Nationen" gibt, deren Vertretungen bei Bedarf eingerufen werden. So ruft der Erzbischof von Esztergom Lodomerus 1288 diese Stände zur Verteidigung des christlichen Glaubens zusammen in Thorenburg/Turda („Universisque nobilibus Ungarorum, Saxonibus, Syculis et Volachis").

Bei der Ausrufung der *Unio trium nationum* zur Abwehr der Türken werden die – orthodoxen – Rumänen aber 1437 von den ungarischen Adligen, den Sachsen und den Szeklern ausgeschlossen.

Vorrangig rumänisch geprägte autonome Staatsgebilde dürften sich erst im 14. Jahrhundert gestalten. Basarab I. (1310–1352), in den Urkunden u.a. „Bazarab Olacum" genannt (DRH. D, 57; a. 1335), erringt durch die Schlacht von Posada (1330) für die Walachei die Unabhängigkeit von Ungarn. Das Land wird in den Urkunden als *Regnum Vallachiae, Volohia, terra nostra Walachia* genannt. Andere Male bezeichnet sich sein Herrscher als „vaivoda Transalpinus, dux de Fugaras et banus de Zeuerin" (so Mircea cel Bătrân a. 1395; DRH. D, 138). Die erste Hauptstadt ist das südlich des Făgăraş-Gebirges gelegene Câmpulung (DRH. D, 86, a. 1368: „in Longo Campo"), das über den Pasul-Bran/Törzburg-Pass mit Siebenbürgen verbunden ist. Östlich der Karpaten gründeten um 1354 rumänische Siedler aus der Maramuresch eine ungarische

Grenzmark, die sich unter dem Woiwoden Bogdan I. 1359 von Ungarn unabhängig machte. Erste Hauptstadt war Baia. Auch wenn diese Staaten immer wieder in verschiedene Formen von Abhängigkeit von Ungarn, Polen oder des Osmanischen Reiches geraten, bewahren sie seit der Zeit eine sie prägende Autonomie (Dahmen 2003, §4).

Die Gestaltung dieser staatlichen Gebilde geht mit Bevölkerungsbewegungen und Gruppensymbiosen einher, was schon die späten Humanisten und die alten Chronisten trotz der Betonung der Romanität oder Latinität erkennen:

> „Ita ex illa colluuie Romanorum & babarorum & connubijs commixtorum, Valachi orti, Daciam ueterem patriam etamnum retinent, lingua noua ex ueteri sua barbara & Romana confusa ac corrupta utentes" (Martinus Cromerus, *De origine et rebus gestis polonorum*, liber XII, 313 (1555))

> „Aşijderea şi limba noastră den multe limbi iaste adunată şi ni-i mestecat graiul nostru cu al vecinilor de pinprejur, măcar că de la Rîm ne tragem, şi cu a lor cuvinte ni-s amestecate, cum spune şi la predosloviia letopisețului celui moldovenesc de toate pre rîndu. Ce fiind țara mai deapoi ca la o slobozie, de pinprejur venind şi descălicînd, den limbile lor s-au amestecat a noastră. De la rîmleni, ce le zicem latini: *pîine*, ei zic *panis*; *carne*, ei zic *caro*; *găina*, ei zic *galina*; *muiarea*, *mulier*, *fămeia*, *femina*; *părinte*, *pater*, *al nostru*, *noster*, şi altele multe den limba lătinească, că de ne-am socoti pre amăruntul, toate cuvintele le-am înțelege. Aşijdarea şi de la frînci: noi zicem *cal*, ei zic *caval*; de la greci: [*strafide*], ei zic [*stafida*]; de la leşi: *prag*, ei zic *prog*; de la turci: *m-am căsătorit*; de sîrbi: *cracatiță*, şi altele multe ca acestea den toate limbile" (Grigore Ureche, *Letopisețul Țării Moldovei*, 1967, 73–74)

> „Iar când au fost la cursul anilor de la Adam 6798, fiind în Țara Ungurească un voievod ce l-au chemat Negrulvoievod, mare herțeg pre Almaş şi pre Făgăraş, rădicatu-s-au de acolo cu toată casa lui şi cu mulțime de noroade: rumâni, papistaşi, saşi, de tot féliul de oameni, pogorându-e pre apa Dâmboviții, început-au a face țară nao. Întâi au făcut oraşul ce-i zic Câmpul Lung. Acolo au făcut şi o biserică mare şi

frumoasă și înaltă." (Stoica Ludescu, *Letopisețul cantacuzinesc*, Einleitung)

Um der Vormacht Ungarns entgegenzuwirken, richten sich die walachischen und moldauischen Woivoden religiös und kulturell stark nach der, vom Ökumenischen Patriarchat von Konstantinopel geführten Orthodoxie. Im Jahre 1372 richtet der Patriarch von Konstantinopel in der Walachei in Curtea de Argeș eine Metropolie ein, in der Moldau besteht schon vor 1386 eine vom Ökumenischen Patriarchat anerkannte Metropolie. Im 15. Jahrhundert entstehen in der Moldau die Skriptorien Neamț und Putna, wo religiöse, juridische und narrative Texte (u.a. *Vaarlam și Ioasaf*) kopiert und neu bearbeitet werden. Als schriftliche Leitsprache wird das Kirchenslawische vor allem mittelbulgarischer Prägung bevorzugt. Dies führt in beiden Fürstentümern ab der zweiten Hälfte des 14. Jahrhundert bis zum 18. Jahrhundert vor allem in der Kirche und in der Verwaltung zu einer langen Diglossie, auch wenn beginnend mit dem 16. Jahrhundert Verträge, religiöse Texte, Gesetzbücher und moralisierende Volksbücher auch auf Rumänisch verfasst werden. Während in Frankreich die königliche Kanzlei schon ab Ludwig IX. (1214–1270; cf. Videsott 2013) allmähliche das Latein durch die Volksprache ersetzt, wird in der Walachei das Kirchenslawiche erst unter Matei Basarab (1632–1654) durch das Rumänische in Kirche und Verwaltung ersetzt. Die orthodoxe Messe wird lange auf Kirchenslawisch zelebriert. Das orthodoxe Messbuch (*Liturgher*) wird in der Moldau erst 1679 und in der Walachei erst 1713 ins Rumänische übertragen. In der ersten Grammatik des Rumänischen, die *Gramatica rumânească* von Dimitrie Eustatievici (1755–1757), heißen die Buchstaben noch *slove* („Ce este slova? Este o parte mai mică nedespărțitoare a zicerii cei scrise."). Das kyrillische Alphabet wird erst 1860 durch ein lateinisches ersetzt.

Die orthodoxe kirchenslawische Kultur schlägt sich in vielen Bereichen nieder. Aufschlussreich für die von der übrigen Romania verschiedene kulturelle Ausrichtung sind zum Beispiel die frühen Bezeichnungen der Großämter der Krone oder die Bezeichnungen der frühen Textserien. Im französischen Mittelalter heißen die Träger der Großämter *sénéchal* (,Seneschall' < fränk. *siniskalk), *bouteiller* (,Butler' < *buticularius*), *chambrier* (,Kämmerer' < *camerarius*), *connétable* (,Konnetabel' < *comes stabuli*) und *chancelier* (,Kanzler' < *cancellarius*). Die wichtigsten Funktionäre der rumänischen Fürsten sind bis zum 19. Jahrhundert dagegen der *vornic* (,Minister des Inneren' < ksl.

dvoŕniku), der *logofăt* („Kanzler' < kls. *logofeti* < mgr. λογοθέτης), der *vistier* („Schatzmeister' < ksl. *vistiiari* < mgr. βεστιάρης), der *spătar* („militärischer Befehlshaber' < ksl. *spadari* < mgr. σπαθάριος), der *paharnic* („Mundschenk' < ksl. *peharinikŭ*), der *stolnic* („Truchseß' < ksl. *stoliniku*) und der *postelnic* („Kammerherr', „Minister des Äußeren' < ksl. *posteliniku*). Während man im mittelalterlichen Frankreich auf Französisch *chansons de geste* (< *cantio, gesta*), *romans* (< *romanice*), *chroniques* (< *chronica*), *lais* (keltisch), *fabliaux* (< *fable*), *pastourelles* (< *pasteur*) und *rondeaux* (< *rond*) schreibt, werden in den rumänischen Fürstentümern zuerst vor allem die Textgattungen *liturghier* („Messbuch' < ksl. *liturgija*), *molitvelnic* („Euchologium' < ksl. *molitvĭniku*), *cazanie* („Predigtbuch' < ksl. *kazanije*), *pravilă* („Gesetzbuch' < ksl. *pravilo*) und *letopisețul* („Chronik' < ksl. *lětopisĭci*) – auf Kirchenslawisch und auf Rumänisch – gepflegt.

Die Bezeichnung der Volksprache und die volksprachlichen Einsprengsel in den Urkunden des 14. und 15. Jahrhundert zeigen, dass das Rumänische zu der Zeit voll ausgebaut ist. In einem Schreiben an die Bürger von Hermannstadt/Sibiu von 1396–1397 bittet sie der Bischof Maternus von Transsilvanien, zum Woivoden Vlad der Walachei einen, des Rumänischen mächtigen Auskundschafter zu schicken und nennt dabei ausdrücklich die Sprache:

„Hortamur igitur amicitiam vestram et rogamus, quatenus unum prudentem et circumspectum virum *idiomate Olachali* suffultum cum eodem Johanne Tatar ad ipsum Wlad destinetis et committatis ipsi nuntio vestro, ut, secrete et occulte, scrutetur et inquirat de factis Turcorum et aliarum novitatum, quas tandem nobis renunciare velitis." (DRH.D, 153)

Solche Auskundschaften – vermutlich auch mit kurzen schriftlichen Berichten – muss es immer wieder gegeben haben. Dies würde erklären, warum der Kaufmann Neacșu Lupu ein Jahrhundert später (1521) einen sowohl morphosyntaktisch als auch textgattungsmäßig gut aufgebauten Bericht über die Bewegungen der Türken an der Donau auf Rumänisch aufsetzen konnte. In einer Urkunde aus Kronstadt/Brașov aus dem Jahre 1425 wird in Bezug auf eine Münze ebenfalls die Bezeichnung der Volkssprache ausdrücklich erwähnt: „monetam vestram, que *in vulgari Wolachali* ducat nuncuparetur" (DRH.D, 235).

Den vollen Ausbau der Volkssprache auch schon vor dem ersten schriftlich tradierten Text, dem Brief von Neacşu, zeigen aber auch die Bezeichnungen der Grenzmarken anlässlich der Schenkung von Land im Făgăraş-Gebiet an den Abt Stanciul durch den Woivoden Mircea cel Bătrân im Jahre 1391:

„primum quidem incipiendo a trajectu fluvii Alt (= Olt), sub possessione Csetate (= Cetate) dicta, a regione Kercz (= Cârța) directe, penes rivulum Vállya Opatului (= Valea Opatului) nuncupatum, pergendo usque ad cuspidem Piatra Obla (= Piatra Oablă) vocatum, inde autem a rivulo Rivu lui Lajeta (= Rîu lui Laieta), ita dicto, sursum usque ad alpium cacumen; parte autem ex altera, superiori, pergit per locum Pe Szkoreul ceel Betrin (= Pe Scoreul cel Bătrîn) dictum, inde tendit per rivulum Pe Vállya Viczonilor (= Pe Valea Vițianilor) nominatum et extenditur supra usque ad pene La Ungiul cu Freszeni (= La Unghiul cu Frasini) locum nuncupatum, inde iterum divertit se ad pena La Peraole Szasziloru Iocum (= Pîrîul Sașilor), inde denuo pergit ad pena La Vállya Szerecsi (= La Valea Sărății) fluviolum, inde, tandem, extenditur supra pene La Czolfa Tunsului (= La Ceafa Tunsului), et in extremum directe pergit pe Apa Tunsului (= Pe Apa Tunsului) dictum rivulum, usque ad vertices alpium, ubi etiam meta ejusdem territorii terminatur." (DRH. D, 127)

Sehr klar scheinen hier neben der typisch rumänischen Phonetik die Determinantien, die Präpositionen, die Genitivkonstruktionen und die Abstraktbildung *tuns* ‚die Schur' durch.

Die seit dem 13. Jahrhundert tradierten Urkunden enthalten textsortenmäßig auch viele Angaben von Personen mit ihren Namen. Unter diesen sind auch im Falle von Walachen slawische Namen häufig wie in folgender Liste in einer Urkunde von König Ludwig I. aus dem Jahr 1374: „quidam Volachi, videlicet Stoycan (= Stoican; cf. bg. *stojka* ‚Haltung', poln. *stojka* ‚Schildwache'), filius Dragmerii (= Dragomir; cf. die slawischen Wortstämme *drag* ‚kostbar', *mir* ‚Frieden'), filii Voyna de Laysta (= Voina de Loviște; cf. *voi* ‚Krieg, Krieger'), Danchul (= Danciu; cf. Dan < Bogdan), germanus condam comitis Neeg (= Neagu; cf. *gnev* ‚Zorn'?), Woyk (= Voicu; cf. *voi* ‚Krieg, Krieger'), filius Raduzlu (= Radoslav; cf. *rad* ‚Freude', *slav* ‚Ruhm'), et Selibor (= Selibor; cf. *selo* ‚Dorf'?, *bor* ‚Kampf, Kämpfer'), familiaris specialis Laykonis (=

Vlaicu; < Vladislav) voyuode" (DRH.D, 107). Auch wenn die Namengebung immer wieder Modeerscheinungen unterliegt, weisen die vielen – teilweise romanisierten – slawischen Namen in Zusammenhang mit den vielen alten Slawismen im Grundwortschatz (z.B. *trup* ‚Körper' < ksl. *trupŭ, nevastă* ‚Gattin' < ksl. *nevěsta, plug* ‚Pflug' < ksl. *plugŭ, bogat* ‚reich' < ksl. *bogatŭ, vesel* ‚fröhlich' < ksl. *veselŭ*) auf eine frühe und lange romanisch-slawische Symbiose (cf. LRL 121, 5.2.2.1. und 6.; 196, 2.1.1. und 195, 3.1.; Mihăilă 1958) bei der sich sprachlich eher romanische Strukturen durchgesetzt haben.

Eine deutliche Westorientierung der rumänischen Fürstentümer vor allem mit Blick auf Italien und Frankreich beginnt erst im 18. Jahrhundert. Durch die Gründung der griechisch-katholischen Kirche in Siebenbürgen (1700) entwickeln sich neue Kontakte mit Rom, und es entsteht die kulturelle Bewegung der sogenannten Siebenbürgischen Schule (*Școală ardeleană*), deren Vertreter – wie Petru Maior, Samuil Micu und Gheorghe Șincai – mit historischen und philologischen Argumenten u.a. die römische Abstammung der Rumänen fokussieren (Dahmen 2003, §6). Es werden vor allem durch Übersetzungen und Bearbeitungen westliche Werke rezipiert. In Siebenbürgen übersetzt Ioan Piuariu Molnar unter dem Titel *Istoria universală adecă de obște* (Buda 1800) partiell die *Éléments d'histoire générale ancienne et moderne* von Claude François Xavier Millot (1772–1783); er geht dafür von der deutschen Übersetzung aus (*Universalhistorie alter, mittler und neuer Zeiten*, Leipzig 1777–1788), zieht aber auch das französische Original bei (Dima/Corbea-Hoișie 2014, 94). In der Moldau übersetzt Gherasim Putneanul (gestorben 1797) u.a. *Les aventures de Télémaque* von Fénelon und die *Geography Anatomiz'd, or, The Geographical Grammar* von Patrick Gordon aus dem Neugriechischen (ib., 51). In der Bearbeitung von Voltaires *Histoire de Charles XII* (ib., 59–90) bekennt sich der Übersetzer Gherasim von der Mitropolia din Iași (gestorben 1853) zur „Relatinisierung" des Rumänischen: „La așezarea acestei istorii am împrumutat și cuvinte de la maica noastră limba latinească, că în unele părți și ținuturi sînt lăcuitorii deprinși cu ele, iară pe alte locuri nu sînt obicinuite; pentru acělea le-am tîlcuit cu cuvinte de obște înțelegătoare ca să respunză folosului și binelui preste tot mai cu sporiu" (ib., 95). Ein bezeichnendes Beispiel hierfür ist die Ersetzung des griechischen und slawischen Worts für ‚Freiheit': „libertatea sau eletheria", „în moștenirea libertății sau slobozenii" (ib., 115/116).

In den dreißiger Jahre des 19. Jahrhundert nimmt die Modernisierung der Donau-Fürstentümer mit der Einführung der *Regulamente organice* (1831–

1832), einer gewissen Urbanisierung und Industrialisierung und der Förderung des höheren Bildungswesens deutliche Züge an. So kann der französische Politiker und Professor Saint-Marc Girardin in seinen *Souvenirs de voyages et d'études* (Paris, 1853) feststellen:

„Il est un dernier trait que je ne dois pas oublier, c'est l'usage universel de notre langue. On ne sait pas assez à Paris qu'à 700 lieues de nous, entre la langue turque, la langue russe et la langue allemande, il y a deux grandes villes (sc. Bucharest et Jassy) où la langue française est parlée comme à Bruxelles, et j'oserais dire mieux qu'à Bruxelles. L'usage de notre langue n'est pas encore bien ancien en Valachie et en Moldavie."
(I, 281; bezüglich der Zeit nach 1780)
„Une société qui se débat entre ses anciennes mœurs orientales et ses mœurs nouvelles européennes, qui a pris de la civilisation occidentale ses formes et son élegance plutôt que son esprit et son caractère; una transition universelle dans les maisons, dans les costumes, dans les lois, dans la langue elle-même: voilà le spectacle qu'offrent en ce moment les Principautés." (I, 282; bezüglich des Jahrs 1836)

In in seiner *Studie moldovană* (1851) stellt Alecu Russo etwas später (1851) ähnlich fest: „În cele 16 ani, de la 1835 până la 1851 mai mult a trăit Moldova decît în cele cinci sute ani istorice, de la descălecare lui Dragoș la 1359, pînă în zilele părinților noștri". (Metzeltin/Lindenbauer/Wochele 2005, 35).

Das Rumänische erfährt in dieser Zeit vor allem in den Bereichen der Verwaltung und der Wirtschaft eine große Bereicherung im Wortschatz und teilweise in den morphosyntaktischen Strukturen. Das vornehmliche Modell ist dabei das Französische, für die damalige rumänische, an der französischen Kultur ausgerichtete Elite die neue erste Fremdsprache (LRL 195, 3.8.). Wie der Schriftsteller V. A. Urechia in seinen Memoiren (*Din tainele vieței. Amintiri contimporane (1840–1882)*) berichtet, hätten sich die rumänischen Emigranten in Paris Charles Louis Napoléon sogar als Herrscher Rumäniens gewünscht; dieser schien der Idee nicht ganz abgeneigt gewesen zu sein und begann sogar etwas Rumänisch zu lernen, hatte aber dafür dann doch keine Zeit und Ausdauer:

„Cererea de principe străin a românilor a pus în mişcare multe apetituri. Românii emigraţi inventaseră o candidatură desigur primită de toţi cei din ţară.

Ce minunat ar fi să putem avea pe rege pe principele Napoleon (Plon-Plon), zicea Costache Rosetti."

„Destul că posibilitatea izbândirei planului formulat de emigranţii de la 48 îndeamnă pe principele Bonaparte să înveţe limba românească." (Urechia 2014, 85).

Heute geläufige Wörter wie *societate*, *libertate* oder *egalitate* sind Gallizismen des 18.–19. Jahrhundert und ersetzen formal wie auch semantisch ältere slawische Ausdrücke wie *obşte*, *slobozenie*, *a fi deopotrivă* (Metzeltin/Lindenbauer/ Wochele 2005, 85/148). Die erste rumänische Verfassung von 1866 hatte als Modell direkt oder indirekt u.a. die belgische von 1831 (Filitti 1934). Wie Vasilie Boerescu in seiner Ausgabe der rumänischen Gesetzbücher von 1865 anmerkt, gründet das Zivilgesetzbuch des vereinten Rumänien auf dem *Code Napoléon*: „Acestŭ codice este luatŭ dupe codicele civile Napoleon allŭ Franţei, cu óre-care modificări." (Boerescu 1865, 35) Bis heute heißt der rumänische Staatsanzeiger nach ehemaligem französischem Modell *Monitorul Oficial*

Auf diesem geschichtlichen Hintergrund kann man folgende Faktoren feststellen, die zu einem deutlichen Abstand des Rumänischen in Bezug auf die Entwicklung der westromanischen Standardsprachen geführt haben dürften:
- lang andauernde Bevölkerungsbewegungen
- unstabile Sesshaftigkeit
- kein geographischer Kontakt mit anderen romanischen Sprachen
- sehr verschiedene Adstrate (Bulgarisch, Albanisch, Serbisch, Ruthenisch, Polnisch, Ungarisch)
- Symbiosen mit den Slawen
- keine oder späte Staatsbildungen
- spätes Sprachbewusstsein
- späte Schriftkultur
- Latein ist nicht mehr Leitsprache
- Kirchenslawisch oder Griechisch als Leitsprachen der Kirche und der Verwaltung
- späte „Reromanisierung"

Wir können so feststellen, dass die Rumänen, auf lateinisch-romanischem Material aufbauend und Anregungen von Adstraten und verschiedenen Leitsprachen aufgreifend und integrierend, ihre Sprache im ständigen Wechsel von Bewahrung und Innovierung auf andersartigen Wegen entwickeln als die „Westromanen". Dies dürfte zum befremdenden Eindruck führen, den Romanisten erhalten, die ihren Blick an den westromanischen Sprachen geschult haben. In seiner *Grammaire comparée de langues de l'Europe latine* (1821, LXI) stellt François Raynouard beim Vergleich des ‚Westromanischen' mit dem Walachischen fest, dass „Les rapports sont intimes, les dissemblances sont extrêmes". Matteo Bartoli spricht von „la spiccata individualità della lingua romena" (Bartoli 1928, 20). Tagliavini (^{6}1972 (1949); §64, p. 374) meint: „Ma ciò che contribuisce a dare al Rumeno un aspetto particolare, un'individualità tutta sua, è il diverso carattere degli influssi di adstrato e superstrato". Gauger meint feststellen zu können, dass „le roumain est donc – conclusion peu surprenante – une langue romane excentrique, plus encore que le français" (Gauger 1995, 16–17). Krefeld (2002, 65–82) präsentiert das Rumänische als „mit ‚Abstand' ein Unikum". Und wieder Bossong schreibt (2008, 247): „Das Rumänische ist der ‚Exot' unter den romanischen Sprachen." Wie schon gesagt (cf. Einleitung), hatte aber schon Enea Silvio Piccolomini diesen Eindruck, wenn er in seiner *Cosmographia seu Rerum ubique gestarum historia locorumque descriptio* (ca. 1458–1461; ed. Helmstadii 1699, Teil *Historia de Europa*, cap. II *De Transsylvania regione, Teutonibus, Siculis & Valachis populis eam incolentibus*) schreibt:

> „Valachi genus italicum sunt, qvemadmodum paulòpost referemus, paucos tamen apud Transsylvanos invenies viros exercitatos Hungaricæ linguæ nescios."
> „Ex colonia Romanorum, quæ Dacos coërceret, eo deducta duce qvondam Flacco, à quo Flaccia nuncupata. Exin longo temporis tractu, corrupto vt fit vocabulo, Valachia dicta, & pro Flaccis Valachi appellati. Sermo adhuc genti Romanus est, quamvis magna ex parte mutatus, & homini Italico vix intelligibilis." (p. 228)

Diese Passage wiederholt der deutsche Historiker Hartmann Schedel in seinem *Registrum huius operis libri cronicarum cum figuris et ymaginibus ab inicio mūdi* (Nürnberg 1493, *Sexta etas mundi/De hungaria et gestis in ea olim pannonia appellata*, fol. CCLXXv.o):

„Exinde lo(n)go t(em)p(or)is tractu corrupto vt fit vocabulo valachia dicta & pro flaccis valachi appellati. Sermo adhuc genti romanus est q(ua)muis magna ex parte mutat(us) & homini italico vix intelligibilis."

In Bezug auf die Grund- und Leitsprache Latein können wir also sagen, dass das Rumänische sich eher zentrifugal verhält, während Italienisch, Französisch, Okzitanisch, Katalanisch, Spanisch, Portugiesisch sich eher zentripetal verhalten.

5 Periphere Sprachentwicklungen

Wenn eine Gruppe von Sprechern einer bestimmten Sprache oder Sprachvarietät in periphere sprachfremde Isolierung in Bezug auf die Ursprungsgruppe gerät, kann man sich folgende Szenarien vorstellen:
- Die Gruppe assimiliert sich einer sie umgebenden Sprachgruppe und gibt ihre Sprache auf (Szenario 1)
- Die Gruppe bewahrt mehr oder weniger konservativ den Grundstock des Wortschatzes und der Grammatik der Ursprungssprache, verwendet aber diglossisch andere Sprachen (Szenario 2)
- Die Gruppe baut den bewahrten Grundstock der Ursprungssprache durch Rückkoppelung an die Grundsprache/an die verwandten Sprachvarietäten zu einer Hochsprache aus (Szenario 3)
- Die Gruppe baut den bewahrten Grundstock der Ursprungssprache durch Assimilierung von lexikalischen Elementen und grammatikalischen Strukturen der sie umgebenden Sprachen zu einer Hochsprache aus (Szenario 4)
- Die Gruppe baut den Grundstock der Ursprungssprache durch Rückkoppelung an die Ursprungssprache und an die verwandten Sprachvarietäten und durch die Assimilierung von Elementen und Strukturen der sie umgebenden Sprachen zu einer Hochsprache neuen Typs aus (Szenario 5)

Dank der speziellen topographischen Gegebenheiten nördlich der Donau und dank der Entstehung mehr oder weniger autonomer oder selbständiger Fürstentümer und dann des rumänischen Nationalstaates haben die Rumänen nördlich der Donau ihre Sprache durch die Szenarien 2, 3, 4 und 5 geführt, die heute trotz des gemeinsamen romanischen Grundstocks signifikante Eigenentwicklungen zeitigt.

Wie schon erwähnt, zeitigt das Rumänische trotz des gemeinsamen Grundstocks Sprachwandelerscheinungen mit gegenüber den anderen romanischen Stanrdardsprachen deutlichen divergierenden Entwicklungen. Sprachwandel geschieht grundsätzlich durch die zwei konträren Tendenzen einerseits zur Sprachökonomie (*loi du moindre effort*) und andererseits zur maximalen Verständnisklarheit und Expressivität. Bleibt eine Sprache im Gebrauch, befindet sie sich im Dauerwandel, wird sie ständig abgenützt und wieder neu gebildet. Die Entwicklungen können dabei auf verschiedene Weisen herbeigeführt werden. Im Falle des romanisch betrachtet peripheren Rumänisch können wir bei der kontinuierlichen Neubildung u.a. folgende Induktionsdynamik erwarten:

- Allgemein anthropologische, kommunikationspraktische Induzierung (z.B. die Parallelisierung der Modi im konditionalen Satzgefüge)
- Eigenständige neue Entwicklung (z.B. präpositionales Direktes Objekt)
- Eigenständige progressive Entwicklung der lateinischen Basis (z.B. possessiver Dativ)
- Bewahrung lateinischer Konstrukte mit adstratischer Verstärkung (z.B. Bildung des Vokativs)
- Adstratische Parallelisierung (z.B. die Bildung der Kardinalzahlen von 11 bis 19 und der Zehner wie im Albanischen und im Bulgarischen)
- Adstratische Übernahme (z.B die slawischen Präfixe *ne-* (*nedefinit, nemulțumit*) und *răs-* (*a răscânta, a răsciti*))
- Nachahmung von Prestigesprachen (z.B. die Zunahme von im Rumänischen eher unidiomatischen Spaltsätzen nach französischem und englischen Vorbild wie *El e acela care a spus adevărul* anstatt *El a spus adevărul*)
- Literarische Nachahmung (z.B. Adjektivierung des Gerundiums in Analogie zum Französischen wie *umbre fuginde* (V. Alecsandri) nach fr. *ombres fuyantes*)

Diese fortwährende, nicht voraussagbare Induzierungsdynamik garantiert die Idiosynkrasie des Rumänischen.

6 Divergierende Idiosynkrasie

Für das Selbstbewusstsein einer Gruppe kann es von Bedeutung sein, dass sie sprachlich-kulturelle Ähnlichkeiten und Unähnlichkeiten hervorhebt. Trotz aller Ähnlichkeit oder Unähnlichkteit dürfte es aber noch bedeutender sein, dass die Gruppe das Selbstbewusstsein hegt, eine deutlich eigene Sprache, eine idiosynkratische Sprache zu besitzen. Im Falle des Rumänischen gehören zu dessen Idiosynkrasie die vielen divergierenden Entwicklungen gegenüber den übrigen romanischen Standardsprachen, und dies unabhängig davon, wie diese Divergenzen historisch zu erklären sind.

Für die vorliegende Untersuchung gehe ich von den heutigen Standardsprachen als kristallisierten Sprachen aus; historische Hinweise können dabei helfen, die jeweilige Entwicklung zu verstehen. Sprachen sind ein Instrument der Kommunikation, durch sprachliche Zeichen und ihre Kombinationen, ihre morphosyntaktischen Strukturen, soll Verständigung und Verstehen hergestellt werden, möglichst so, dass keine Missverständnisse entstehen. Daher unterliegen die morphosyntaktischen Strukturen mehr oder weniger unbewussten „Optimierungsstrategien", die zu „stabilisierten", „standardisierten" Formen und Konstrukten führen (Grammatikalisierung), aber daneben bestehen – teilweise in Konkurrenz – immer wieder auch weniger standardisierte Formen und Konstrukte (cf. die rumänischen Futurformen *voi spune*/*o să spun*/*oi spune*). Die Grammatikalisierung unterliegt einem langsamen, aber stetigen Wandel, neue Strukturen bestehen neben alten (cf. die Konjugationsformen rum. *cred*/*crez*, it. *devo*/*debbo*, fr. *je peux*/*je puis*), alte können wieder aktiviert werden (cf. rum. *sînt*/*sunt*). Die Position der Satzglieder im Satz und der Satzgliedelemente im Satzglied unterliegt ebenfalls Tendenzen, behalten aber meistens eine nicht zu unterschätzende Flexibilität (cf. rum. *de atunci au trecut peste douăzeci și cinci de ani*/„De-atuncea au trecut ani peste douăzeci și cinci." (M. Sadoveanu); sp. *una alternativa a la costumbre ya pasada de moda*/„una alternativa a la ya pasada de moda costumbre" (*La Vanguardia*, 3-VII-2015). Es werden daher hier keine verabsolutierten Grundordnungen aufgestellt.

Ein systematischer Vergleich der auch für die allgemeine diachrone und synchrone Sprachwissenschaft interessanten Divergenzen zwischen den Sprachen der unterbrochenen Ostromania und der nicht unterbrochenen Westromania steht noch aus. Eine einschlägige Aufarbeitung wird u.a. folgende evidente morphosyntaktische Divergenzen enthalten (cf. auch die Liste in Gauger 1996, 8–16):

- *Nominale Ableitungen*
Bei der Bildung von Abstrakta werden im Rumänischen neben romanischen und slawischen Suffixen auch Infinitiv (*auzire-a* ‚das Hören') und Supinum (*fumat-ul* ‚das Rauchen') regelmäßig verwendet.

Die Suffixe der von Verben abgeleiteten *nomina agentis* gehen trotz der formalen Ähnlichkeit im Rumänischen auf das Suffix -TORIUS/-TORIA zurück (daher die Formen *muncitor/muncitoare*), in den westromanischen Sprachen auf -TOREM/-TRICEM (daher z. B. die Formen it. *lavoratore/lavoratrice*).

Das lateinische Suffix -IMEN ist nur im Rumänischen produktiv (>-*ime*), und zwar für von Adjektiven abgeleiteten *nomina proprietatis* (*grosime* ‚Dicke', *înălțime* ‚Höhe', *lățime* ‚Breite') und für von Substantiven abgeleiteten Kollektiva (*argățime* ‚Dienerschaft', *burghezime* ‚Bürgerstand', *tinerime* ‚junge Leute', *țărănime* ‚Bauernschaft'). In der Westromania ist es regressiv in der landwirtschaftlichen Terminologie des Italienischen vorhanden (*concime* ‚Dünger', *lettime* ‚Streu', *mangime* ‚Tierfutter'; cf. Rohlfs §1088).

- *Nominales Genus*
Während in den übrigen romanischen Sprachen die Substantive entweder nur maskulin (it. *il lupo/i lupi*, fr. *le loup affamé/les loups affamés*) oder nur feminin (it. *la casa/le case*, fr. *une grande maison/de grandes maisons*) sein können, gibt es im Rumänischen eine sehr produktive Mischklasse (Ambigene: Singular maskulin/Plural feminin: *timpul/timpurile*). Vereinzelte Beispiele einer solchen Mischklasse finden sich regressiv noch im heutigen Italienisch (*il braccio/le braccia*).

- *Pronominales Genus*
Die neutrale anaphorische Demonstrativität (‚es', ‚all das', ‚das Gesagte' usw.) wird im Rumänischen durch das Femininum Singular oder Plural ausgedrückt (Sandfeld & Olsen 1936, §93; Tamba Dănilă, 2004, §14; Pană Dindelegan 2012), während die übrigen romanischen Standardsprachen eine eigene Neutrumform oder das Maskulinum gebrauchen (cf. *ai putut veni când ți-am*

cerut-o vs. it. *sei potuto venire quando te l'ho chiesto; toate acestea* vs. it. *tutto ciò/questo*, fr. *tout cela; cele spuse* vs. it. *quello che abbiamo detto*, fr. *ce qu'on a dit*). Neutral gebrauchte it. *la (farcela* ‚es schaffen', *smetterla* ‚aufhören', *svignarsela* ‚sich davon machen'), fr. *la/les (la boucler* ‚die Klappe halten', *les mettre* ‚sich auf die Socken machen') und sp. *la/las (no la tomes con él* ‚leg dich nicht mit ihm an', *arreglárselas* ‚zurechtkommen'), die wie rum. *o* vermutlich auf ein neutrales ILLA zurückgehen, bestehen heute noch in fossilisierten Redewendungen (cf. Reumuth/Winkelmann, *Praktische Grammatik der italienischen Sprache*, §120; Serianni 1988, §VII.44; Reumuth/Winkelmann, *Praktische Grammatik der französischen Sprache*, §133; Reumuth/Winkelmann, *Praktische Grammatik der spanischen Sprache*, §112)

- *Nominale und adnominale Kasus*

Im Gegensatz zu den übrigen romanischen Sprachen hat das Rumänische für Substantive und Adjektive vor allem über die Neugestaltung der Determinantien ein eigenes Kasussystem mit folgenden Kasus entwickelt: Nominativ/Akkusativ, Genitiv/Dativ, Vokativ (*domnul/acest domn/domnul acesta, domnului/acestui domn/domnului acestuia, domnule* vs. it. *il signore/questo signore, del, di questo/al, a questo signore, o signore* fr. *le monsieur/ce monsieur, du, de ce/au, à ce monsieur, oh monsieur*). Bei unbestimmten Nomina ist der morphologische Kontrast nur beim Femininum Singular verwirklicht (Nominativ/Akkusativ: *casă*, Genitiv/Dativ: *case*).

Zu den deklinierbaren Determinantien sind auch die Indefinita (*un/unui, nimeni/nimănui, toţi/tuturor* usw.) zu rechnen.

Durch die metaphonetische Öffnung der betonten Stammvokale vor offener vokalischer Endung (*e > ea, o > oa*) oder Schließung vor geschlossener vokalischer Endung (*a > ă*) kennt das Rumänische im Gegensatz zu den westromanischen Standardsprachen metaphonetische Singular-Plural-Paare (cf. *greşeală/greşeli* vs. it. *legge/leggi; floare/flori* vs. fr. *fleur/fleurs; parte/părţi* vs. it. *parte/parti; corn/coarne* vs. sp. *cuerno/cuernos*). Nur das Portugiesische kennt bei einer beschränkten Gruppe von maskulinen Substantiven die metaphonetische Schließung der Singularform (*corno* mit geschlossenem *o/cornos* mit offenem *o*). Im italienischen Bereich sind metaphonische Erscheinungen auf die Dialekte beschränkt geblieben (Rohlfs § 376).

- *Postponierung der Determinantien*

Im Gegensatz zu den westromanischen Sprachen werden die bestimmenden Determinantien (Artikel, Possessiva, Demonstrativa) obligatorisch oder präferentiell postponiert (cf. *lupul* vs. it. *il lupo*, fr. *le loup*; *casa mea* vs. it. *la mia casa/la casa mia*, fr. *ma maison*, sp. *mi casa/la casa mía*, pg. *a minha casa*; *lupul acesta/acest lup* vs.it. *questo lupo*, fr. *ce loup*, sp. *este lobo/el lobo este*).

- *Gebrauch des bestimmten Artikels*

In präpositionalen Ausdrücken, die nicht näher bestimmt sind, wird im Rumänischen, mit Ausnahme der Präposition *cu*, der bestimmte Artikel nicht verwendet (cf. *la cafenea* vs. it. *al caffè*, fr. *au café*, sp. *en el bar*, pg. *no café*). Dagegen verlangen nicht näher bestimmte Ortsnamen im Gegensatz zu den westromanischen Standardsprachen den bestimmten Artikel sowohl im Singular als auch im Plural (cf. *Parisul este cel mai frumos oraş din lume* vs. it. *Parigi è la più bella città del mondo*; *Bucureştii sunt minunaţi* vs. *Bucarest est merveilleux*).

- *Formen und Deklination der Personalpronomina*

Im Gegensatz zu den westromanischen Sprachen kann das Personalpronomen der zweiten Person Plural nicht durch die Angabe <andere> verstärkt werden (cf. *voi* vs. it. *voi altri*, fr. *vous autres*, kt. *vosaltres*, sp. *vosotros*, pg. *vós outros*).

Das Rumänische unterscheidet im Gegensatz zu den westromanischen Sprachen eigene Formen für Dativ und Akkusativ (cf. Dativ *îmi dă mie/îmi dă*, Akkusativ *mă vede pe mine/mă vede* vs. it. *dà a me/mi dà, vede me/mi vede*).

Wird ein mitverstandenes Personalpronomen als Subjekt durch die Angabe ‚alle' verstärkt, wird postverbales *toţii* mit der Präposition *cu* verbunden (cf. „ne duserăm cu toţii în susul apei" (Asachi); „La 6 şi jumătate prânzeam cu toţii" (Sabina Cantacuzino); „Când prietenii vor fi de faţă, vor fi cu toţii fericiţi" (Quesemand 2001, 138)). Ähnlich kann die Verbindung <und + Personalpronomen> durch die Präposition *cu* ausgedrückt werden:

eu şi cu el stăm împreună
„În România, doi inşi nu se tem de Securitate: Domnia Voastră şi cu mine" (Paul Goma)

- *Hervorhebendes Demonstrativum*
Die Postponierung eines Adjektivs kann hervorhebende Funktion haben (cf. dt. *die heutige Schweiz* vs. „die Schweiz, die heutige" (NZZ 8.8.2015, 18). Für die Hervorhebung eines postponierten Adjektivs hat das Rumänische ein besonderes Demonstrativum entwickelt, während die übrigen romanischen Sprachen den bestimmten Artikel verwenden (*Ştefan cel Mare* vs. *Lorenzo il Magnifico, Louis le Grand*). Das gleiche vervorhebende Demonstrativum wird für die Bildung des relativen Superlativs verwendet (cf. *cel mai bun* vs. it. *il migliore*).

- *Morphologie der Kardinalzahlen*
Im Gegensatz zu den übrigen romanischen Sprachen, die für die Zahlen 11–16 und für die Zehner die lateinischen Formen weiter entwickeln, hat das Rumänische dafür analytische Neubildungen eingeführt (*unsprezece* ‚eins auf zehn', *douăzeci* ‚zwei (mal) zehn' vs. it. *undici, venti*, fr. *onze, vingt*).

- *Morphologie und Gebrauch der Ordinalzahlen*
Während für die Bildung der Ordinalzahlen die übrigen romanischen Standardsprachen die lateinischen Bezeichungen bzw. lateinische Suffigierungen weiter entwickeln, gebraucht das Rumänische dafür die demonstrativ überbestimmten Kardinalzahlen (*al doilea* ‚der zwei der da', *al unsprezecelea* vs. it. *secondo, undicesimo*, fr. *second/deuxième, onzième*). Im Westromanischen werden sie in der Regel pränominal gebraucht (it. *il settimo giorno*), im Rumänischen können sie vor oder nach dem Substantiv stehen (*ziua a şaptea/a şaptea zi*).

- *Konkurrenz von Relativpronomina*
Alle romanischen Sprachen kennen als allgemeine Relativpronomina die Typen <QUI/QUEM/QUID> und <QUALEM> (rum. *ce/care*, it. *che/il quale*, fr. *qui, que/lequel*, sp. *que/el cual*, pg. *que/o qual*). In den westromanischen Sprachen ist der Typus <QUI/QUEM/QUID> der meist gebrauchte; der Typus <QUALEM>, der den vorangestellten Artikel verlangt, findet nur eingeschränkten Gebrauch, eher in erweiternden Relativsätzen, als Subjekt und nach Präpositionen. Im Rumänischen ist dagegen *care* allgemein gebräuchlich neben *ce*; es wird dekliniert (N. Sg. *care*, G.D.Sg.m. *cărui*, A.Sg. *pe care*, N.Pl. *care/cari*, G.D.Pl. *căror*); früher konnte es artikuliert werden (*carele*).

- *Verbalsystem*

Im Gegensatz zu den übrigen romanischen Standardsprachen kennt das Rumänische im Indikativ kein Historische Plusquamperfekt/Plusquamperfekt II (it. *trapassato remoto*: *ebbi fatto*, fr. *passé antérieur*: *j'eus fait*, sp. *pretérito anterior*: *hube hecho*) und im Konjunktiv nur zwei Tempora (Präsens und Perfekt). Auch wenn analytische Formen des Plusquamperfekts dem Rumänischen nicht unbekannt sind (cf. *el a fost făcută* ‚il avait fait' (regional, cf. Pop 1948, 403; *am auzit* (= auzisem), *am fost mers* (= mersesem), *era auzit* (= auzisem), Frâncu 2009, 114), ist die heutige Standardform synthetisch (*cântasem* < CANTAVISSEM), während in den westromanischen Sprachen das Plusquamperfekt auschließlich oder präferentiell analytisch ist (it. *avevo cantato*, fr. *j'avais chanté*, sp. *había cantado/cantara*, pg. *tinha cantado/cantara*). Dagegen hat es zum Ausdruck der Vermutung einen besonderen Modus (Präsumptiv) bestehend aus dem Futur oder dem Konditional von <sein> und dem Gerundium entwickelt (*va/ar fi citind* ‚er wird/würde wohl lesen'). Eine neue infinite Form ist das sogenannte Supinum. Das Auxiliar <sein> wird nur im Rumänischen für die Bildung von zusammengesetzten Tempora auch transitiver Verben verwendet (*a fi făcut, voi fi făcut* vs. it. *avere fatto, avrò fatto*, fr. *avoir fait, j'aurais fait*); dialektal kann man es auch im andalusischen Spanisch finden („si lo fuera visto" für *si lo hubiese visto*, „si lo fuera sabío" für *si lo hubiese sabido*, www.elotrolado.net/hilo_palabras-que-dan-rabia_1631112_ s120, 7.11.2015).

- *Verbale Infixe*

Neben dem Infix <-ISC->, das in verschiedenen romanischen Sprachen im Singular und in der 3. Person Plural des Indikativs und Konjunktivs Präsens eingefügt wird (cf. it. *finisco, finisci, finisce, finiamo, finite, finiscono*; kat. *serveixo, serveixes, serveix, servim, serviu, serveixen*), wird im Rumänischen in einer Reihe Verben der a-Konjugation in den gleichen Personen ein Infix *-ez-/-eaz-* (< gr.-lat. *-iz-*) eingefügt (*lucrez, lucrezi, lucrează, lucrăm, lucrați, lucrează*).

- *Morphologie des Infinitivs*

Zum Unterschied der übrigen romanischen Standardsprachen wird der Infinitiv im Rumänischen nicht durch die Endung, sondern durch den Marker *a* (< AD) gekennzeichnet (*a cânta* vs. it. *cantare*, fr. *chanter*).

- *Morphologie des Futurs und des Konditionals*

Das Rumänische bildet das Futur durch die präponierte Auxilierung mit <wollen>, während die übrigen romanischen Standardsprachen dafür die postponierte Auxilierung mit <haben> vorziehen (*voi cânta* < VOLEO CANTARE vs. it. *canterò*, fr. *je chanterai* < CANTARE HABEO). Ähnliches dürfte für die Bildungs des Konditionals gelten, auch wenn der Ursprung der auxilierenden Formen nicht immer mehr durchsichtig ist (*aș cânta, ai cânta, ar cânta* < VOLEBAM-HABEBAM/HABEBAS/VOLEBAT CANTARE (Frâncu 2009, §6.3.8.2.) vs. it. *canterei, canteresti, canterebbe* < CANTARE HABUI/HABUISTI/HABUIT, sp. *cantaría, cantarías, cantaría* < CANTARE HABEBAM/HABEBAS/HABEBAT). Die Posponierung des Auxiliars war früher im Rumänischen möglich (*aveavorŭ* ‚sie werden haben' (Coresi), *afla-vei* ‚du wirst finden' (M. Costin), *mânca-l-ar* ‚er soll ihn fressen' (M. Sadoveanu), ist aber heute degrammatikalisiert.

- *Morphologie der Modaladverbien*

Das Rumänische kennt historisch keine Adverbien mit dem Suffix <-MENTE> (*repede* (Adjektiv und Adverb) vs. it. *rapidamente* fr. *rapidement*), dagegen hat es für denominale Adjektive auf *-esc* die adverbiale Ableitung *-ește* gebildet (*bărbat* ‚Mann' > *bărbătesc* ‚männlich' > *bărbătește* ‚auf männliche Art'; *rege* > *regesc* > *regește* ‚auf königliche Art'). Diese Adverbbildung kann auch für die Angabe des Gebrauchs einer Sprache verwendet werden (*pe nemțește, a vorbi românește/româna/limba română, citim latinește/în latină*; „au scris lătinește (…) leșește" (M. Costin); „spuneau cu mândrie că nu au învățat grecește, ci elenica" (Sabina Cantacuzino). Hinzu kommt die adverbiale Bildung <Präposition pe + Feminin Plural des Partizips Perfekt>: *pe apucate* ‚zufällig, gelegentlich', *pe nevestite* ‚unerwartet, plötzlich', *pe sărite* ‚sprungsweise, überfliegend'.

- *Neubildung von Konjunktionen*

Die lateinische nebenordnende Konjunktion ET ist in allen romanischen Sprachen fortgesetzt worden, im Rumänischen (*e*) schwindet sie aber im Laufe des 17. Jahrhunderts. Dafür verallgemeinert das Rumänische als Konjunktion das alte Adverb SIC > *și*, das zwar in konjunktionaler Funktion auch im Altitalienischen und im Altfranzösischen (*si*) bestand. Verbindet ‚und' ein Substantiv und ein Personalpronomen wird im Rumänischen die Konstruktion <PN + și + cu + Personalpronomen> gebildet (*Alex și cu mine am vorbit așa* ‚Alex und ich haben so gesprochen' (Alice Voinescu)). Für ‚und' bestehen im Rumänischen zwei weitere Konjunktionen, *iar* („Ne întâlneam și la ședințe ‚Sburatorului', iar prietenia cu Holban ma condus, în compania lui, la câteva ieșiri în afara orașului." (Vlaicu Bârna)) und *de* („La Golești s-au oprit de au petrecut noaptea a doua." (Sabina Cantacuzino)).

- *Deklarative und volitive konjunktionale Unterscheidung*
Das Rumänische leitet die deklarativen und die volitiven Objektsätze durch zwei verschiedene Konjunktionen ein, während die übrigen romanischen Standardsprachen keine Unterscheidung machen (*spun că va veni/vreau să vină* vs. it. *dico che verrà/voglio che venga*, fr. *je dis qu'il va venir/je veux qu'il vienne*).

- *Kodierung des Zustandträgers*
Der Träger von physischen und psychischen Zuständen wird im Rumänischen eher mit einem morphosyntaktischen Dativ oder Akkusativ, in den übrigen romanischen Standardsprachen als morphosyntaktisches Subjekt kodiert (*mi-e foame, mi-e frică/teamă, mi-e groază de examen/am groază de examen, mi-e dor de* vs. it. *ho fame, ho paura, ho nostalgia di*, fr. *j'ai faim, j'ai peur*, pg. *estou com fome/tenho fome, tenho medo, tenho saudade de*).

- *Kodierung des Direkten Objekts*
Im Rumänischen wird das belebte Direkte Objekt durch den Marker *pe* (< lat. PER) angegeben, während die übrigen romanischen Standardsprachen entweder keinen oder den Marker *a* (< lat. AD) verwenden (*îl văd pe Ion* vs. it. *vedo Giovanni*, fr. *je vois Jean*, sp. *veo a Juan*).

- *Kodierung der Possession*
Zur Angabe der Possession i.w.S. macht das Rumänische eher Gebrauch vom possessiven Dativ, die übrigen romanischen Standarsprachen vom Possessivum (*Asta îi e soarta* neben *Asta e soarta sa/lui* vs. it. *questa è la sua sorte*, fr. *c'est son sort*).

- *Die Verbindung <Nomen 1 + spezifizierendes Nomen 2>*
Wird ein Nomen 1 von einem Nomen 2 spezifiziert, wird die Verbindung in den romanischen Standardsprachen im Allgemeinen mit den Präpositionen <DE, AD> angegeben. Im Rumänischen steht N2 im Genitiv, hinzu kommt vor N2 eine anaphorischer Artikel (Genitivartikel), wenn N2 unbestimmt ist

(*cămaşa fiului/o cămaşă a fiului* vs. it. *la camicia del figlio/una camicia del figlio*, fr. *la chemise du fils/une chemise du fils*).

- **Pronominale Wiederholung des Relativpronomens**
  Im Gegensatz zu den übrigen romanischen Standardsprachen muss im Rumänischen das Relativpronomen in der Funktion eines Direkten oder Indirekten Objekts durch ein Personalpronomen wiederholt werden (*femeia pe care o văd/fetele cărora le dau o carte* vs. it. *la donna che vedo/le ragazze alle quali do un libro*, fr. *la femme que je vois/les fillettes à qui je donne un livre*).

- **Gebrauch der Modi und der Tempora**
  In den romanischen Standardsprachen verwendet man im möglichen und irrealen konditionalen Satzgefüge verschiedene Modi in der Protasis und der Apodosis, während das Rumänische für beide den Konditional parallelisiert hat (*Dacă aş putea ... aş face* vs. it. *Se potessi ... farei*, fr. *Si je pouvais ... je ferais*).
  Im Gegensatz zu den westromanischen Sprachen steht der Konditional im Rumänischen auch nach der vergleichenden Konjunktion <ALS OB> (*ca şi cum ar fi existat* vs. it. *come se fosse esistito*, fr. *comme s'il avait existé*, sp. *como si hubiera existido*, pg. *como se houvesse existido*).
  Ebenfalls im Gegensatz zu den westromanischen Sprachen kennt das Rumänische keine *consecutio temporum*. Die Subjekt- und Objektsätze werden im Lateinischen durch den Akkusativ mit Infinitiv (den sogenannten ACI) ausgedrückt, in denen das Subjekt im Akkusativ und das Verb im Infinitiv steht (*Valde probo te hoc libenter facere* ‚Ich schätze sehr, dass du das gerne tust'). In den romanischen Sprachen wird diese lateinische Konstruktion zumeist in Haupt- und Nebensatz aufgelöst, wobei der Nebensatz durch eine semantisch leere Konjunktion (rum. *că*, it. *che*, frz. *que* usw.) eingeleitet wird und das Prädikat aus einer finiten Verbform besteht. Enthält der Hauptsatz kein Präsens, sondern ein Vergangenheitstempus, kommen tendenziell andere Konkordanzregeln der Tempora zur Anwendung; im Rumänischen dagegen ist der Gebrauch der Tempora in der direkten und in der indirekten Rede identisch:
  - rumänisch: *Spune/A spus că e bolnav/a fost bolnav/va pleca*.
  - italienisch: *Dice che è ammalato/è stato ammalato/sarà ammalato* vs. *Disse che era ammalato/era stato ammalato/sarebbe partito*.
  - französisch: *Il a dit qu'il était malade/avait été malade/partirait*.

- katalanisch: *va dir que l'autocar anava molt ràpid/va dir que havia guanyat un altre xinès/ningú va dir que seria senzill.*
- spanisch: *Dijo que estaba enfermo/había estado enfermo/partiría.*
- portugiesisch: *Disse que estava doente/tinha estado doente/partiria.*

- *Spaltsätze*

Zur Hervorhebung eines Satzgliedes dürfte die die häufigste Fokussierungsstrategie im Rumänischen die Betonung sein, während die westromanischen Sprachen hierfür häufigen Gebrauch von Spaltsätzen machen, wie z. B. aus der Gegenüberstellung folgender Bibelübersetzungen ersichtlich ist (Matthäus 10, 20):

lat. *non enim vos estis qui loquimini, sed Spiritus Patris vestri qui loquitur in vobis,*

rum. *fiindcă nu voi veți vorbi, ci Duhul Tatălui vostru va vorbi în voi* (Übersetzung der British and Foreign Bible Society)

it. *Poiché non siete voi che parlate, ma è lo Spirito del Padre vostro che parla in voi* (Übersetzung von G. Luzzi)

Diese Aufstellung von Divergenzen zeigt, dass das Rumänische durch seine dynamische Idiosynkrasie markant von den westromanischen Sprachen abdriftet. Diese Abhebung gilt vor allem für die standardisierten Formen der verschiedenen romanischen Sprachen. Diatopisch und diachron lassen sich sowohl weitere Konvergenzen als auch Divergenzen feststellen.

Teil II
Vektoren des rumänischen Sprachsystems

7 Sprachvektoren

Das System einer Sprache, ihre Grammatik, unterliegt gewissen allgemeinen Dynamiken, die wir Vektoren im Sinne von Kräften, die bestimmte Richtungen kennzeichnen, nennen können. Die wichtigsten Vektoren dürften für eine historisch lang belegte Sprache folgende sein:
- Es werden alte Strukturen bewahrt (Bewahrender Vektor)
- Latente Strukturen werden aktiviert und entfaltet (Latenzaktivierender Vektor)
- Unökonomische, weil unregelmäßige, Strukturen, werden ökonomisch, d.h. regelmäßiger, gestaltet (Homogenisierender Vektor)
- Es werden zur besseren semantischen oder pragmatischen Evidenzierung eigenartige Strukturen entfaltet (Evidenzierender Vektor)
- Es werden bestimmte Strukturen anderer Sprachen besonders wahrgenommen und nachgeahmt (Imitierender Vektor).

Diese Vektoren können miteinander interagieren. Im Folgenden werden einige mehr oder weniger markante Momente der Andersartigkeit des Rumänischen gegenüber den westromanischen Standardsprachen aufgrund der genannten Vektoren dargestellt.

8 Der bewahrende Vektor

Im Vergleich mit den westromanischen Sprachen hat das Rumänische u.a. die nominalen und adnominalen Deklinationen bewahrt und neu entwickelt, die Unterscheidung von Dativ und Akkusativ bei den Personalpronomina weitergeführt, den Gebrauch des bestimmten Artikels in präpositionalen Satzgliedern weniger verallgemeinert. Dabei liegt die Vermutung nahe, dass die bewahrenden Tendenzen von den das Rumänische umgebenden Sprachen begünstigt worden sei, wie es A. Niculescu formuliert: „Il contatto con le lingue balcaniche e con la lingua degli Slavi ha permesso che si conservassero, nel romanzo che diveniva lingua rumena, elementi e strutture latine arcaiche, che le altre lingue romanze, continuatrici del latino ‚volage', hanno abbandonato", denn „imparando il ‚daco-romano' degli autoctoni, i parlanti non latini, soprattutto gli Slavi, hanno conservato e rafforzato, nella lingua romanza risultata (da essi utilizzata), i tratti caratteristici delle loro lingue. Detto altrimenti, come noto, gli Slavi hanno appreso la lingua romanza, trasformandola in lingua rumena. La lingua rumena ha conservato la romanità anche attraverso i contributi non romanzi." (Niculescu 1998, 590–591).

8.1 Die Bewahrung von Deklinationen

Beim Übergang vom Latein zu den romanischen Sprachen verlieren Substantive und Adjektive u.a. wegen ihrer Mehrdeutigkeit (z.B. kann der Ablativ Herkunft, Trennung, Ort, Mittel, Art angeben) ihre Deklinationsmerkmale zugunsten von Satzstellungsmerkmalen und präpositionalen Konstruktionen. Der Abbau der Deklinationen ist ein allmählicher. Das Altfranzösische und Altokzitanische kannten für die Maskulina ein Zweikasussystem (Rectus vs. Obliquus, *cas sujet* vs. *cas régime*), welches das Subjekt vom Nicht-Subjekt unterschied (afrz. *li murs* vs. *le mur*; aokz. *ans* vs. *an*). Dieses System zerfällt im Laufe des 12.-13. Jahrhundert, wobei sich tendenziell die Obliquusform durchsetzt. Das Bündnerromanische hat eine besondere Form für den maskulinen Nominativ der prädikativen Adjektive bewahrt: *in um ferm* ‚ein starker Mann' vs. *il frar ei ferms* ‚der Bruder ist stark'; eine derartige Form ist auch noch im Altkatalanischen bewahrt (Jaume I, *Crònica*, 29: „aqui ha I pug qui es molt forts"). Heute kennen die westromanischen Sprachen kein nominales Kasussystem mehr.

Das Rumänische hat dagegen Kasus bewahrt und das Kasussystem neu aufgebaut. Beim reinen Nomen wird zwischen Nominativ/Akkusativ und Genitiv/Dativ der femininen Substantive im Singular unterschieden: *casa/case, floare/flori*. Hinzu kommt die Möglichkeit, besondere Vokativformen zu verwenden (Ioan: *Ioane!* Maria: *Mario!*). Das neue Kasussystem ist über die Neugestaltung der Determinantien entwickelt worden. Dabei werden folgende Kasus unterschieden: Nominativ/Akkusativ, Genitiv/Dativ, Vokativ (*domnul/ acel domn/domnul acela, domnului/acelui domn/domnului aceluia, domnule* vs. it. *il signore/quel signore, del, di quel/al a quel signore, o signore* fr. *le monsieur/*

ce monsieur, du, de ce/au, à ce monsieur, oh monsieur). Für den Genitiv/Dativ maskuliner Eigennamen hat sich als präpositiver Marker das alte Demonstrativum *lui* etabliert (cf. *casa lui Ion*). Der Vokativ hat sich im Rumänischen auf verschiedene Weisen entfaltet (cf. 8.2.).

Zu den deklinierbaren Determinantien gehören die Demonstrativa (*acest, acel, același/aceluiași* ‚derselbe', *celălalt/celuilalt* ‚der andere'), das Zahlwort *amândoi/amânduror* ‚beide' und die Indefinita *un/unui* ‚einer', *cineva/cuiva* ‚jemand', *nimeni/nimănui* ‚niemand', *mulți/multor* ‚viele', *toți/tuturor* ‚alle').

8.2 Die Entfaltung des Vokativs

Von einem kommunikativen Standpunkt aus betrachtet ist die kognitive und pragmatische Basis von Sätzen nicht nur eine reduzierte Struktur des Typs <Subjekt + Prädikat/Verb + direktes Objekt (SVO)>, sondern mehr des Typs <Sender + Sendeakt + Empfänger + Subjekt + Prädikation + Objekt>. Vor allem im mündlichen Diskurs braucht der Sender in der Regel nicht zu sagen, dass er der Sender sei und etwas sagen werde, er kann also auf der Ausdrucksebene implizit bleiben. Daher dürfte die kognitive und pragmatische Basis, von der für die Äußerungen auszugehen ist, des Typs <Gesprächspartner/Interlokutor (→ Substantiv) + Subjekt der Prädikation (→ Substantiv) + Prädikation (→ Verb) + Ergänzungen der Prädikation als Direktes und Indirektes Objekt (→ Substantive)> sein. Folglich hat der prototypische Satz mindestens drei Substantive mit verschiedenen kognitiven und pragmatischen Rollen (Aktanten), die man als solche auch auf der Ausdrucksebene markieren muss:

<Aktant 1/Empfänger → Anrede mit Substantiv + Aktant 2/Subjekt → Nominativ/Kongruierendes Substantiv + Prädikat + Aktant 3/Direktes Objekt → Akkusativ/regiertes Substantiv + Aktant 4/Indirektes Objekt → Dativ/besondere Präposition>

Die Markierung des Empfängers oder Interlokutors kann intonatorischer, morphologischer oder syntaktischer Natur sein, z. B.:
- Anfangsposition und Isolierung durch eine Pause (fr. „Petit Jean, viens m'embrasser")

- besondere Intonation und Trennung durch zwei deutliche Pausen (fr. „Qui aimes-tu le mieux, homme énigmatique, dis?" (Baudelaire))
- Ankündigung durch eine besondere Interjektion (fr. „Ô Ciel! De mes transports puis-je être ici le maître?" (Molière))
- Ankündigung durch eine Imperativform (sp. „¡Oiga, Juan!")
- Angabe durch eine besondere Endung (lat. *domine*/Vokativ vs. *dominus*/Nominativ)

Der Gebrauch von besonderen Endungen kann vom Genus und Numerus der Substantive, von der Wortklasse (Appellativ oder Eigenname, Substantiv oder Adjektiv), von der Gestaltung des Syntagmas (Substantiv ohne oder mit Adjektiv oder mit Genitivspezifizierung, Substantiv mit Titel, Gebrauch/Nichtgebrauch des Artikels) abhängen. Es kann auch deutliche diachrone, diatopische, diastratische und gendermäßige Variationen geben. Dies wird vor allem dann deutlich, wenn man den morphosyntaktischen Vokativ im größeren Zusammenhang der Allokution und der Delokution betrachtet, bei denen Grußformeln, Pronomina, Eigennamen, anredende Substantive, Personen/Funktionen/Berufe bezeichnende Appellative, wertende Adjektive, Possessive, Artikel in verschiedenen Kombinationen gebraucht werden können, wie folgende französische Beispiele zeigen:

- Einfacher Vorname: *Jacques, viens, on va manger; Adieu, Jean!*
- Einfaches Appellativ: *Suivez-moi, enfants!*
- Artikel + Appellativ: *Oh, la menteuse! Faites vite, les enfants!*
- Possessiv + Adjektiv + Appellativ + Adjektiv: *Mes petits enfants chéris, venez vite!*
- Einfaches Adjektiv: *Chérie, qu'est-ce qu'on fait ce soir?*
- Possessiv + Adjektiv: *Venez, ma chère...*
- Adjektiv + Vorname: *Chère Nicole,...*
- Einfache Anrede: *Monsieur, pouvez-vous...*
- Anrede + Familienname: *Monsieur Duval...*
- Anrede + Titel: *Monsieur le Président...*
- Adjektiv + Anrede + Titel: *Cher Monsieur le Directeur*

usw.

In den romanischen Sprachen wird das Substantiv der Anrede im Allgemeinen nur durch eine besondere Intonation mit eventueller Ankündigung durch eine Interjektion (rum. Zuruf für Männer: *he, hei, mă, măi, măre,* Zuruf für Frauen:

he, le, lele, leliță, lelițo, fa muiere, fa Marițo; it. *O Signore, aiutateci*; fr. „Le ô vocatif" (Petit Robert, s.v. *vocatif*); sp. *¡Oh Virgen Santa!*; pg. *Oh Pedro!/Oi Pedro!*) ausgedrückt. In der mexikanischen Umgangssprache findet sich ein Vokativmorphem *-le* („Se lo tomaban! y órale!: A trabajar"; „Ya me estoy haciendo vieja. Ya cumpliendo los quince años, ¡híjole!" cf. Lope Blanch 1976). Zur Hervorhebung der appellativen Funktion wurden oder werden die Possessiva verwendet, daher mehr oder weniger feststehende Anreden wie rum. *Domnia Sa*; fr. *Monsieur, Madame, Mademoiselle*; sp. *muy señor mío, querida mía, <duerme, mi pequeña>*; pg. *meu caro Jorge*.

Wilhelm Meyer-Lübke hatte in seiner *Grammatik der Romanischen Sprachen. II T. Romanische Formenlehre* (1894, §6) auf regressive Formen des morphologischen lateinischen Vokativs im Romanischen hingewiesen:

> „Der Vokativ Singularis hat im Lateinischen eine besondere Form nur bei den *o*-Stämmen und ihm entspricht ital. *domine* in dem Kirchenwort *domineddio*, sowie lucch. *diaule*. Sonst bildet das Rumänische noch den Vokativ auf *-e*, doch fragt sich, ob nicht eher eine Einwirkung des Slavischen, wo der Vokativ der Maskulina auf *-e* ausgeht, vorliege als eine direkte Überlieferung des lateinischen *-e*. Sicher ist slavischer Einfluss bei dem Vokativ der Feminina, der auf *-o* lautet: *caso*, da hier das Lateinische ganz im Stiche lässt. – Im Französisch-provenzalischen sollte ebenfalls Scheidung stattfinden: *sers = servus* neben *serf = serve*. Allein schon in vorhistorischer Zeit ist durchaus der Nominativ auch in der Anrede gebraucht worden, und so finden wir denn in denjenigen Texten, die die Kasusflexion überhaupt beobachten, keine auf den lateinischen Vokativ zurückgehenden Formen. Nur das provenz. *en*, das männlichen Eigennamen vorangeht, wird auf *domine* beruhen (…). Wenn aber das aprov. Johannesevangelium stets *dom* schreibt, so dürfte darin eine Anlehnung an das lateinische Original zu sehen sein."

Den fossilisierten Formen wären noch it. *diamine* (< *diavolo* x *domine*) und afr. *Damedieu* hinzuzufügen. Auf den Rückzug des morphologischen Vokativs auch im Rumänischen weist schon Adolf Zauner in seiner Übersicht *Romanische Sprachwissenschaft* (1905, 131) hin:

„Der Vokativ Singularis endet im Rumänischen bei den Maskulinen II auf -e (*doamne*), bei den Femininen I auf -o (*doamno*), ist übrigens auf eine geringe Zahl von Substantiven beschränkt. Beim Femininum ist er sicher, beim Maskulinum wahrscheinlich slavischen Ursprungs. Bei den andern Substantiven verwendet das Rumänische, sowie die andern romanischen Sprachen (auch das Altfranzösische) bei allen Substantiven, den Nominativ."

Allerdings verdecken diese allgemeinen Hinweise die tatsächliche morphosyntaktische Komplexität des Vokativs im Rumänischen, die in Zusammenhang mit den slawischen Adstraten und der Postposition des bestimmten Artikels stehen dürfte. Den Reichtum und zugleich eine Sprache in deutlicher Fluktuation zeigt folgende Aufstellung:

- Appellativ maskulin Singular auf -e und das Substantiv *tată* ohne Artikel: dieselbe Form wie der Nominativ (*frate!*; *Tată, te rog să mă ierți!*)
- Appellativ maskulin Singular auf Konsonanten: ohne Artikel, Endung -e (*bărbate! copile! băiete! vecine! amice! prietene!*)
- Appellativ maskulin Singular auf Konsonanten: mit Artikel, Endung -ule (*bunicule! băiatule! omule!*; aber *prietenule!*)
- Appellativ maskulin Singular auf -u: mit obligatorischem Artikel, Endung -ule (*fiule! eroule! codrule!*)
- Appellativ maskulin Singular auf -ă/-e: ohne Artikel, agglutinierte Endung -o (*popo* (<*popă*), *badeo* (< *bade*))
- Appellativ maskulin Singular *domn* (Herr): *Doamne!* (Anrede an Gott oder an einen Fürsten), *domnule!* (Anrede an einen Herrn)
- Appellativ feminin Singular auf -ă: ohne Artikel, dieselbe Form wie der Nominativ (*Mamă, mi-e foame!*/*Poftiți, doamnă!*)
- Appellativ feminin Singular auf -ă/-e: agglutinierte Endung -o (*bunico! vecino! soro! vulpeo!*)
- Appellativ maskulin und feminin Plural: Endung -lor (*Băieților! Studenților! Fraților! Fetelor! Doamnelor, domnișoarelor și domnilor!*)
- Appellativ maskulin und feminin Plural, nur mit bestimmten Substantiven: ohne Artikel, dieselbe Form wie der Nominativ (*Băieți! Studenți și studente! Copii, să începem!*)

- Appellativ maskulin Singular mit Adjektiv: Wiederholung der Endung -e, das Substantiv kann artikuliert sein (*scumpe prietene! stimate prietene! iubite cititorule! stimate domnule! luminate și prea puternice împărate!*; aber auch: *o domn viteaz!*)
- Appellativ maskulin Plural mit Adjektiv: dieselbe Form wie der Nominativ ohne Artikel (*dragi prieteni! dragi elevi! oameni buni!*)
- Appellativ feminin mit Adjektiv: dieselbe Form wie der Nominativ ohne Artikel (*iubită prietenă! scumpe prietene*)
- Appellativ oder Eigename mit vorangehendem Adjektiv *dragă*: das Adjektiv ist unveränderlich (*dragă prietene! dragă Mihai! dragă verișoară!*)
- Adjektiv + bestimmter Artikel + Possessiv + Substantiv: dieselbe Form wie der Nominativ (*Iubitul meu bunic!*)
- Substantiviertes Adjektiv maskulin Singular: mit oder ohne bestimmten Artikel, Endung -e (*frumosule! urâtule! prostule! iubite!*)
- Substantiviertes Adjektiv feminin Singular: Endung -o (*frumoaso! urîto! iubito!*)
- Substantiviertes Adjektiv maskulin oder feminin Plural: Endung -lor (*Deșteptilor, ce-ati făcut? Ciao frumoaselor!*)
- Substantiviertes Adjektiv feminin Plural: dieselbe Form wie der artikulierte Nominativ (*frumoasele mele manele!*)
- Artikulierter Appellativ oder substantiviertes Adjektiv mit Possessiv: dieselbe Form wie der Nominativ (*Dragul meu (Ion)! Draga mea (Maria)! Dragii mei (copii)! Dragele mele (verișoare)! Fiul meu! Fiica mea!*)
- Appellativ mit Genitivergänzung: dieselbe Form wie der artikulierte Nominativ (*puiul mamei!*)
- Vorname maskulin ohne Ergänzungen: ohne Artikel (*Radu, dă-mi dicționarul, te rog! Ion! Vasile!*; obligatorisch für die Namen auf -e), Endung -e (*Ștefane! Ioane! Constantine!*; Namen auf Konsonanten), Artikel + Endung -e (*Radule! Iancule!*; Namen auf -u, aber: *Petre*)
- Vorname feminin ohne Ergänzungen: dieselbe Form wie der Nominativ (*Deschide cartea, Maria!*), Endung -o (*Mario! Rodico! Ioano! Olgo! Ano!*; hier auch maskulin *Tomo!* < *Toma*) oder eine andere besondere Endung (*Maria > Marie, Ana > Ană*)
- Familienname: Endung -e/-ule (*Stolojane! Popescule!*)

- Anrede mit Titel (Funktion, Beruf), maskulin, Singular: besondere Vokativform (*Domnule avocat* (*profesor, doctor, ministru*)*!*)
- Anrede mit Titel (Funktion, Beruf), feminin, Singular: dieselbe Form wie der Nominativ (*Doamnă profesoară* (*doctor, secretară*)*! Domnișoară doctor!*)
- Anrede mit Titel + Eigenname, maskulin: einfache oder wiederholte Angabe des Vokativs oder dieselbe Form wie der Nominativ (*Domnule Ionescu* (*Popescu*)*! Moş Martine! Căpitane Pavel!/Căpitane Pavele! Cocoane Dinule! Domnule Niţule! Domnu Popescu!*)
- Anrede mit Titel + Eigenname, feminin: dieselbe Form wie der Nominativ (*Doamnă Ionescu! Domnişoară Maria* (*Ionescu, Popescu*)*!*)
- Anrede mit Titel (Funktion, Beruf) und Adjektiv, maskulin: morphologische Angabe des Vokativs beim Adjektiv und der Anrede (*Stimate domnule decan* (*profesor, doctor, Ionescu*)*!*)
- Anrede mit Titel (Funktion, Beruf) und Adjektiv, feminin: dieselbe Form wie der Nominativ (*Bună ziua, stimată doamnă profesoară!*)
- Namen für Länder, Ortschaften und Flüsse: mit oder ohne besondere Vokativendung wie bei den Appellativa (*Egiptule! Românie! Berlinule! Bucureştilor!/Bucureşti! Oltule! Dunăre!*)

In der Volksliteratur und der familiären Sprache kann man noch die Formen *tati*(*i*)*!, mami*(*i*)*!, maich*(*i*)*!* als Anrede an Kinder von Seiten der Eltern finden; der vollständige Ausdruck würde *dragul tatii, dragul mamii* ‚mein Liebling, mein Herzchen' lauten.

Heute besteht im Rumänischen die Tendenz, die Namen beim Vokativ in unmarkierten Stilregistern unverändert (= Nominativ) zu lassen. Deutliche Endungen werden eher mit den Nuancen familiär, regional, sozial höher stehend verwendet. Die Endung *-ule* gilt als affektiv.

Historisch gesehen kann das maskuline *-e* eine Weiterführung von lat. *-e* (*domine*) unter Einfluss von slaw. *-e* (*rabe* < *rabu* ‚Sklave') sein; es ist die ältere Form. Das maskuline *-ule* kann auf die Verhältnisgleichung zurückgehen: <*Petru* : *Petre* = *Lupulu* : *Lupule*> oder auf slaw. *le* wie in bulg. боже*ле*, майко*ле*; es ist die jüngere Form. Die Form *dragă* gehe auf slaw. *drago* zurück. Das feminine *-o* ist aus dem Slawischen entlehnt, in Muntenien eher aus dem Bulgarischen (cf. bulg. *майка* ‚Mutter', Vokativ *майко*), in der Maramuresch eher aus dem Ukrainischen (Pătruţ 1963). Diese Endung ist auch für den Imperativ *vino* ‚komm' übernommen worden. Der Ursprung der Verwendung der genitivisch-dativischen Endung *-lor* ist ungeklärt, vielleicht ist er von den Dativformen übertragen worden in Ausdrücken wie „le am scris voo, fraţilor Romîni", „vai de voi, bogaţilor" (Densusianu 1997, 500/II, §50). Dieser für alle Genera gleiche Vokativ ist eine rumänische Eigenart.

Das Nebeneinander von nominativischen und eigenen Formen ist ungeklärt. Die nominativischen Formen können genügen, weil sie eine besondere Intonation aufweisen. Schon im Lateinischen bestehen für den Vokativ der meisten Nomina nominativische Formen. Der häufigere Gebrauch morphologisch markierter maskuliner Formen (Vornamen, Familiennamen, zusammengesetzte Wendungen, Plurale) könnte darauf zurückzuführen sein, dass man sich in manchen traditionellen Gesellschaften öffentlich eher an die Männer wendet, während die feminine Anrede eher in der Privatsphäre gebraucht wird. Die Bewahrung und Entwicklung eigener Vokativformen könnte eines der verschiedenen Fälle sein, in denen das Rumänische Formen bewahrt, die zwar schon im Lateinischen angelegt waren, die aber das Rumänische unter dem Einfluss des Adstrats weiter entwickelt, wären die übrigen romanischen Sprachen die ursprünglichen lateinischen Formen aufgeben (cf. Metzeltin 2009).

8.3 Gebrauch und Nichtgebrauch des bestimmten Artikels

Zu den traditionellen Wortkategorien des Lateinischen (Nomina: Substantive, Adjektive; Pronomina; Verben; undeklinierbare Wortformen: Adverbien, Adpositionen, Konjunktionen, Interjektionen) kommt im Romanischen eine weitere Kategorie hinzu: die der bestimmten und unbestimmten Artikel. Erstere entstehen aus einer Umwandlung der deiktischen Funktionen von *ille* (> rum. *-l*, it. *il*, bündnerr. *il*, fr. *le*, okz. *le*, kat. *el*, sp. *el*, pg. *o*) oder von *ipse* (sard. *su*, kat. (Balearen) *es*), die im Laufe der Zeit die Bedeutung von ‚allgemein bekannt', ‚bereits erwähnt' angenommen haben und vor allem in der gesprochenen Sprache in den nominalen Syntagmen allmählich verallgemeinert worden sind. In einer weiteren Entwicklungsphase übernehmen *ille* und *ipse* aufgrund ihrer häufigen Verwendung auch andere Funktionen, wie das Anzeigen von Genus, Numerus und Kasus, da die Morphologie des Substantivs hinsichtlich dieser grammatischen Kategorien undeutlich geworden ist (cf. fr. *le pain/la main*; sp. *el lunes/los lunes*; im Rumänischen werden die Funktionen des Genitivs und des Dativs im Allgemeinen durch den Artikel ausgedrückt: *lupul* ‚der Wolf'/*lupului* ‚des Wolfes', ‚dem Wolf', *casa lui Gheorghe* ‚das Haus von Georg'). Die unbestimmten Artikel (inklusive die Teilungsartikel: rum. *un/o*, pl. *niște*; it. *un/uno*, pl. *dei/delle*; fr. *un/une*, pl. *des*; kat. *un/una*, pl. *uns/unes*; sp. *un/una*, pl. *unos/unas*; pg. *um/uma*, pl. *uns/umas*) entstehen durch den Wunsch, die Unbestimmtheit lexikalisch auszudrücken. Dazu passte gut die Verallgemeinerung der Zahl 1 oder der lateinischen Präposition *de* ‚ein Teil von'. Der Gebrauch der Artikel hat sich zuerst in Syntagmen mit Subjektfunktion durchgesetzt, dann im Direkten Objekt und schließlich im Präpositionalobjekt. Die Entwickung ist noch nicht abgeschlossen. Im Rumänischen z.B., und in geringerem Ausmaß auch im Italienischen und Rätoromanischen, in anderen Sprachen nur in fossilierten Wendungen, wird in den nicht weiter spezifizierten Präpositionalobjekten der Artikel in der Regel nicht verwendet (rum. *în gradina*, it. *in giardino*, surs. *en iert*, aber fr. *au jardin* (neben *en banlieue*), kat. *al jardí*, sp. *en el jardín*, pg. *no jardim*; Iliescu 2001). Die genaue Verwendung in der jeweiligen Sprache unterliegt manchmal sehr komplizierten und in der Diachronie sehr unterschiedlichen Gesetzmäßigkeiten, wie anhand des Gebrauchs des bestimmten Artikels in Verbindung mit Ländernamen zu ersehen ist (z.B. fr. *Nous avons parcouru la Normandie* vs. *Nous sommes rentrés de Normandie*, *La capitale de la France* vs. *Les dix plus grandes villes de France*; im Spanischen gebrauchte man im 19. Jahrhundert bei nicht näher bestimmten Ländernamen wie ‚Frankreich' häufig den bestimmten Artikel: *la Francia*, was heute als nicht korrekt gilt).

9 Der latenzaktivierende Vektor

Aus panromanischer Perspektive sind verschiedene Formen und Konstrukte deutlich regressiv. Die Regressivität kann zur Latenz werden. Dabei werden Phänomene im mündlich oder schriftlich tradierten Gedächtnis unproduktiv weitergegeben, sie können aber wieder aktiviert werden. Das Rumänische greift mehrmals solche regressiven oder latenten Phänomene auf und entwickelt sie auf idiosynkratische Art. Dies kann man z. B. bei der Bildung von

Abstrakta, der Entwicklung eines Supinums, der Bildung von ambigenen Substantiven der Potenzierung des possessiven Dativs.

9.1 Die Bildung von Abstrakta

Verben können im Prinzip durch Derivation oder Neologismen in ein Abstraktum als *nomen actionis* umgewandelt werden (Transposition/Transkategorisierung):

rum. *a birui/a izbândi/a învinge* > *biruință/izbândă/învingere/victorie*
it. *vincere* > *vittoria*
fr. *vaincre* > *victoire*
sp. *vencer* > *victoria*
pg. *vencer* > *vitória*

Diese Umwandlungen erlauben die Kodierung von Prädikaten als Substantive, sodass sie auch als grammatikalisches Subjekt, Direktes Objekt oder präpositionale Ergänzung mit Determinatoren in einen Satz eingebaut werden können. Dadurch werden die Prädikate in den Vordergrund, ihre Träger in den Hintergrund gerückt (Die Mannschaft A hat gesiegt > Der Sieg der Mannschaft A):

rum. *Opoziția a obținut victoria în alegerile generale.*
it. *La più bella vittoria l'ha ottenuta su se stesso, riuscendo a moderarsi.*
fr. *La victoire, en chantant, nous ouvre la carrière.*
sp. *Contra todo pronóstico, consiguió la victoria.*
pg. *Depois da vitória de Ourique, D. Afonso Henriques intitulou-se Rei de Portugal.*

Da der Infinitiv auch einen nominalen Charakter hat, kann er ebenfalls als Abstraktum eingesetzt werden. Das Abstraktum kann eher den Prozess (*actio*) oder eher dessen Ergebnis (*effectus*) angeben. Die Idiosynkrasie des Rumänischen kann man durch einen systematischen Vergleich der Morphologie der aktuellen Verbalabstrakta in den fünf großen romanischen Standardsprachen beobachten (cf. Metzeltin 2015, 13–42).

- *Rumänisch*

Durch die allmähliche Verallgemeinerung des Musters <să + Konjunktiv>, um Subjekt- und Objektsätze auszudrücken, wird der verbale Gebrauch des Infinitivs eingeschränkt. Dafür kann der sogenannte lange Infinitiv (mit der Endung *-re*) als (feminines) Verbalabstraktum generalisiert werden: *adunare* ‚Versammlung‘, *creştinizare* ‚Christianisierung‘, *firea* ‚das Sein/das Wesen/die Natur‘, *învoire* ‚Einwilligung‘, *iubirea* ‚das Lieben‘, *lucrare* ‚Arbeit‘, *plecare* ‚Abfahrt, Abflug‘, *putere* ‚Macht‘, *sosire* ‚Ankunft‘, *tăcerea* ‚das Schweigen‘, *venirea lui* ‚sein Kommen‘

Neben dem langen Infinitiv wird auch das substantivierte Partizip Perfekt (oder Supinum) als Verbalabstraktum verwendet: *alergatul* (neben *alergare*) ‚das Rennen, das Laufen‘, *fumatul* ‚das Rauchen‘, *învăţatul* ‚das Lernen‘, *sositul* (neben *sosire*) ‚die Ankunft‘, *vânatul* ‚die Jagd‘. Das Supinum kann ähnlich wie im Italienischen und im Spanischen der Infinitiv einen sowohl nominalen (Verbindung mit Determinantien, Adjektivierung, genitivische Spezifizierungen) als auch verbalen (Adverbialisierung, Regierung eines Direkten Objekts, keine Pluralbildung: *Ion se apucă de citit romane*) Charakter haben. Einige dieser Verbalabstrakta wie *început* ‚Beginn‘, *sfârşit* ‚Ende‘, *răsărit* ‚Aufgang‘/‚Osten‘, *apus* ‚Untergang‘/‚Westen‘, *mers* ‚Gang‘, *oftat* ‚Seufzer‘ dürften nur noch nominalen Charakter haben.

Es finden sich auch postverbale Verbalabstrakta ohne besondere Endung (*a auzi/auz, a avânta/avânt, a cugeta/cuget, a place/plac, a trăi/trai*) oder mit femininer Endung (*a duce/ducă, a dovedi/dovadă, a fugi/fugă* (eigentlich Latinismus), *a judeca/judecată, a teme/teamă*).

Es können auch folgende, vom Infinitiv abgeleitete Suffigierungen vorkommen:

- *-aţiune* (nach italienischem oder französischem Modell) und *-aţie* (nach lateinischem und russischem Modell, heute vorwiegend): *a administra/administraţiune, administraţie, a adnota/adnotaţiune, adnotaţie, a circula/circulaţie, a educa/educaţiune, educaţie, a înclina/înclinaţiune, înclinaţie*
- *-(ă,i)ciune* (< lat. *-(a,i)tionem*): *a închina/închinăciune, a ierta/iertăciune, a înşela/înşelăciune, a pleca/plecăciune, a ruga/rugăciune, a slăbi/slăbiciune, a urî/urâciune*

-eală (< abulg. -eli): *a boci/boceală, a cheltui/cheltuială, a gelui/ geluială, a îndrăzni/îndrăzneală, a se îndoi/îndoială, a jăfui/ jăfuială, a obosi/oboseală, a osteni/osteneală, a păți/pățeală, a vince/vinceală*

-ință (< lat. -entia): *a cere/cerința, a crede/credință, a dori/dorință, a putea/putință, a ști/știință* ‚Kenntnis, Wissenschaft', *a sili/silință, a voi/voință*

In *curățenie* ‚Reinlichkeit' (cf. *a curăți*), *împărtașenie* ‚Abendmahl' (cf. *a împărtași*), *zgârcenie* ‚Geiz' (cf. *a zgârci* ‚zusammenziehen'), *jelanie* ‚Kummer' (cf. *a jeli*), *pățanie* ‚Leiden' (cf. *a păți*), *petrecanie* ‚Tod' (cf. *a petrece*) usw. kann man ein slawisches Suffix *-enie/-anie* erkennen, das aber kaum aktivierbar sein dürfte (cf. aber *urâțenie* ‚Hässlichkeit' < *a urâți* ‚häßlich werden).

Sucht man für die ersten 100 Verben des Buchstabens E im Wörterbuch *Noul Dicționar Universal al Limbii Române* (București/Chișinău 2006) die entsprechenden Verbalabstrakta, erhält man folgendes Bild:

Von der deutlichen Mehrzahl der Verben wird lexikographisch registriert mindestens ein Verbalabstraktum abgeleitet. Nur in 15 Fällen wird kein Abstraktum registriert. Manchmal besteht das Abstraktum in Form eines langen Infinitivs, aber es fehlt das entsprechende konjugierte Verb (z.B. *epopeizare, epitelizare*). Der lange Infinitiv stellt die übliche Ableitung dar (*a ebluisa/ebluisare* usw.: 80 Fälle). Ein gewisse Häufigkeit zeigt auch die Suffigierung *-(a)ție* (*a edenta/edentație* usw.: 19 Fälle), wobei aber die Substantive historisch gesehen adaptierte Gallizismen oder Latinismen sind. Das Gleiche gilt für die Suffigierung *-(s, ț, z)iune* (*a ecloza/ecloziune*: 5 Fälle). Die rezente Suffigierung *-aj* (*a ecruisa/ecruisaj*: 3 Fälle) geht ebenfalls auf lexikalische Gallizismen zurück. Keine Repräsentativität erreichen das Suffix *-ență* (*emergență*, 1 Fall, lexikalischer Gallizismus) und andere postverbale Ableitungen (1 Fall: *elogiu*, eigentlich lexikalischer Latinismus oder Gallizismus). Wie Beispiele wie *a emite/emisiune, a eroda/erosiune* zeigen, sind die substantivischen Entlehnungen aus dem Französischen nicht immer synchron von einem rumänischen Infinitiv ableitbar.

- *Italienisch*

Verbalabstrakta können im Italienischen synchron vom Infinitivstamm durch folgenden Suffigierungen ableleitet werden:

-*aggio* (< prov. -*atge*, fr. -*age* < lat. -*aticus*): *ancorare/ancoraggio* (15. Jahrhundert), *atterrare/atterraggio* (< fr. *atterrage*), *decollare/decollaggio* (< fr. *décollage*), *ingrassare/ingrassaggio*, *lavare/lavaggio* (< fr. *lavage*), *linciare/linciaggio* (< fr. *lynchage*), *magazzinare/magazzinaggio* (< fr. *magasinage*)

-*anza/-enza* (< lat. -*antia/-entia*): *adunare/adunanza*, *ignorare/ignoranza* (< lat. *ignorantia*), *predominare/predominanza* (< lat. *praedominantia*), *somigliare/somiglianza*, *sperare/speranza* (< prov. *esperansa*), *usare/usanza*, *accogliere/accoglienza*, *credere/credenza* (< spätlat. *credentia*), *partire/partenza*

-*mento* (< lat. -*mentum*): *arruolare/arruolamento* (Lehnübersetzung aus fr. *enrôlement*), *avvertire/avvertimento*, *insegnare/insegnamento*, *muovere/movimento*, *rifornire/rifornimento*, *ricevere/ricevimento*

-(Stammvokal)*zione* (< lat. -*ationem*, -*itionem*, Latinismus): *circolare/circolazione* (< lat. *circulationem*), *contestare/contestazione* (< lat. *contestationem*), *fermentare/fermentazione* (< lat. *fermentationem*), *fortificare/fortificazione* (< lat. *fortificationem*), *infiammare/infiammazione* (< lat. *inflammationem*), *liberare/liberazione* (< lat. *liberationem*), *localizzare/localizzazione* (< fr. *localisation*), *panificare/panificazione* (< fr. *panification*), *punire/punizione* (< lat. *punitionem*), *ripetere/ripetizione* (< lat. *repetitionem*)

Es finden sich auch unsuffigierte postverbale Kurzverbalabstrakta mit maskuliner oder femininer Endung (-*o* oder -*a*; it. *derivati a suffisso zero*):

-Ø: *appoggiare/appoggio*, *arrivare/arrivo*, *assaltare/assalto*, *decollare/decollo*, *giocare/gioco* (< lat. *iocum*), *imbarcare/imbarco*, *inchinare/inchino*, *utilizzare/utilizzo*, *volare/volo*; *domandare/domanda*, *nominare/nomina*, *purgare/purga*, *rettificare/rettifica*, *seminare/semina*, *stimare/stima*

Auch das Partizip Perfekt (eher von intransitiven Verben) kann als feminines oder maskulines Verbalabstraktum verwendet werden: *andare, andato/andata, cadere, caduto/caduta, cavalcare, cavalcato/cavalcata, difendere, difeso/difesa* (< lat. *defensa*), *discendere, disceso/discesa, dormire, dormito/dormita, entrare, entrato/entrata, offendere, offeso/offesa* (< lat. *offensa*), *salire, salito/salita, scuotere, scosso/scossa, uscire, uscito/uscita, venire, venuto/venuta; permettere, permesso/permesso, piangere, pianto/pianto* (<lat. *planctum*), *ruggire, ruggito/ruggito, ululare, ululato/ululato.*

Vom Partizip Perfekt können Verbalabstrakta mit dem Suffix *-ura* (< lat. -ura) abgeleitet werden: *acconciare, acconciato/acconciatura, aprire, aperto/ apertura* (< lat. *apertura*), *cuocere, cotto/cottura, chiudere, chiuso/ chiusura, filare, filato/filatura, fornire, fornito/fornitura* (< fr. *fourniture*).

Sucht man für die ersten 100 Verben des Buchstabens E im Wörterbuch *DISC. Dizionario Italiano Sabatini Coletti* (Firenze, Giunti, 1997) die entsprechenden Verbalabstrakta, erhält man folgendes Bild:

Von der Mehrzahl der Verben wird lexikographisch registriert mindestens ein Verbalabstraktum abgeleitet. Allerdings wird in 20 Fällen kein Abstraktum registriert. Das häufigste synchrone Ableitungssuffix ist der Latinismus *-zione* (*-azione*: 42, *-izione*: 4). Dazu gesellen sich häufig die totalen Entlehnungen aus dem Latein (17), die also nicht initalienisch gebildet worden sind, aber an der Endung als Verbalabstrakta erkennbar sind (*editare/edizione, effluire/efflusso, effondere/effusione, eleggere/elezione*; cf. Beispiele wie *alludere/allusione, dividere/divisione, invadere/invasione, emettere/emissione*). Eine gewisse Frequenz weist das Suffix *-mento* auf (13), das allerdings bei demselben Verb mit *-azione* alternieren kann. Niedrige Frequenzen weisen die Suffixe *-anza/-enza* und *-ura*, heute vermutlich kaum mehr aktivierbar, die unsuffigierten Bildungen und die Partizipialbildungen auf. Das weiter oben registriert *-aggio* dürfte ein kaum aktivierbarer Gallizismus sein. Es besteht also eine Dispersion von Typen, die zwar dem Sprachempfänger das Vorhandensein eines Verbalabstraktums klar signalisieren, dem Sprachproduzenten es schwer machen, die brauchbare Suffigierung vorauszusehen. Zwei Suffixe sind aber semantisch bestimmt: *-io* (< lat. *-erium*?), das ein duratives Geräusch signalisiert (*borbottio, calpestio, lavorio, mormorio*), und *-ata*, das von Substantiven abgeleitet wird, um ein Schlagen anzugeben (*bastonata, coltellata, legnata, manata, mazzata, ombrellata, pugnalata*).

Als Verbalabstrakta liegen im Italienischen auch einige als echte Substantive lexikalisierte Infinitive vor, was man an ihrer Pluralisierungsmöglichkeit und an ihrer Kommutierbarkeit mit echten Substantiven erkennt: *dispiacere, dispiaceri/rincrescimento, dovere, doveri/obbligo, parere, pareri/opinione, piacere, piaceri/godimento, potere, poteri/potestà, sapere, saperi/conoscenza, volere, voleri/volontà*. Im Altitalienischen war die Pluralisierungsmöglichkeit breiter (*i baciari, i lagrimari, buoni mangiari e buoni beri, i lagrimari, i soffriri, i vestiri*).

Neben den als echten Substantiven lexikalisierten Infinitiven besteht die Möglichkeit, Infinitive als Kern von Satzgliedern, insbesondere Subjekt und Direktem Objekt, einzusetzen. Der Infinitiv kann dann nicht pluralisiert werden. Er kann dabei eher nominalen oder eher verbalen Charakter haben oder beides. Zum nominalen Charakter gehören die Verbindung mit Determinantien (Artikel, Possessiva, Demonstrativa) und Adjektiven und der Anschluss des logischen Subjekts mit der Präposition *di* (genitivus subiectivus), zum verbalen Charakter die Präsenz eines Subjekts und eines Objekts und die Verbindung mit Adverbien, wie folgende Beispiele aus dem Internet zeigen:

„si sente solo il lento camminare dei piedi lungo le vie" (Rete 2013; eher nominaler Infinitiv als Kern eines Subjekts, verbunden mit dem bestimmten Artikel, einem Adjektiv und einem genitivus subiectivus)

„a ciò contribuì l'aver egli visto nell'isola la stele antichissima dedicata a Zeus" (Internet 2013, Gran Mirci Messina; eher verbaler Infinitiv als Kern eines Subjekts, mit Subjekt und Direktem Objekt)

- *Französisch*

Verbalabstrakta können im Französischen synchron vom Stamm des Partizip Präsens durch folgende Suffigierungen ableitet werden:

-age (< lat. *-aticum*, Verben der *-er*-Konjugation): *accrocher/accrochage, décoller/décollage, emballer/emballage, limoger/limogeage, parquer/parcage, passer/passage, user/usage*; (Verben der *-ir*-Konjugation *-issage*): *atterrir/atterrissage, blanchir/blanchissage, remplir/remplissage, vernir/vernissage*

-aison   (< lat. *-ationem*): *comparer/comparaison, couver/couvaison* (veraltet), *crever/crevaison, flotter/flottaison, incliner/inclinaison, lier/liaison, livrer/livraison, pendre/pendaison, saler/salaison*

-ance, latinisierend -ence (< lat. *-antia/-entia*): *croire/croyance, espérer/espérance, jouir/jouissance, nuire/nuisance, remémorer/remémorance* (Gide), *souffrir/souffrance, suppléer/suppléance, venger/vengeance; exiger/exigence* (< lat. *exigentia*), *ingérer/ingérence, préférer/préférence* (früher *preference*)

-ement (< lat. *-a-mentum*; Verben der -er/-oir-Konjugationen): *affronter/affrontement, allonger/allongement, aménager/aménagement, dénigrer/dénigrement, déplacer/déplacement, déployer/déploiement, dérouler/déroulement, empoisonner/empoisonnement, enchaîner/enchaînement, juger/jugement, mouvoir/mouvement, payer/paiement, redresser/redressement, remuer/remuement*; (Verben der -ir-Konjugation): *épanouir/épanouissement, rugir/rugissement, saisir/saisissement, vomir/vomissement*

Synchron vom Infinitivstamm können die zahlreichen Verbalabstrakta auf -*tion* (< lat. *-tionem*, Latinismus) mit verschiedenen Vorvokalen abgeleitet werden:

-(Vorvokal *a* für Verben der -er-Konjugation): *accumuler/accumulation* (< lat. *accumulationem*), *adapter/adaptation* (< mlat. *adaptationem*), *coloniser/colonisation* (< engl. *colonization*), *dater/datation, déterminer/détermination* (< lat. *determinationem*), *estimer/estimation* (< *aestimationem*), *informer/information* (< lat. *informationem*), *interpréter/interprétation* (< lat. *interpretationem*), *limiter/limitation* (< lat. *limitationem*), *maximiser/maximisation, orchestrer/orchestration, organiser/organisation, recommander/recommandation, vacciner/vaccination*

-(Vorvokal *i* für die Verben der -ir-Konjugation): *déglutir/déglutition, punir/punition* (< lat. *punitionem*), *répartir/répartition* (*disposition* vs. *disposer* erklärt sich als Latinismus < *dispositionem*)

- (Vorvokal *u* für die Verben auf -*uer*): *attribuer/attribution* (< lat. *attributionem*), *diminuer/diminution* (< lat. *diminutionem*), *distri-*

buer/distribution (< lat. *distributionem*), *polluer/pollution* (< lat. *pollutionem*)
- (Vorsilbe *-ica-* für Verben auf *-fier*): *identifier/identification, modifier/modification* (< lat. *modificationem*), *planifier/planification, rectifier/rectification, unifier/unification* (*publication* vs. *publier* und *torréfaction* vs. *torréfier* erklären sich durch die lat. Vorbilder *publicationem* und *torrefactionem*)

Es finden sich auch unsuffigierte postverbale maskuline und feminine Kurzverbalabstrakta:

-Ø: *appeler/l'appel* (m), *appuyer/l'appui* (m), *crier/le cri*, afr. *départir/le départ, essayer/l'essai* (< lat. *exagium*), *pêcher/la pêche, purger/la purge, regretter/le regret, reprocher/le reproche, voler/le vol*

Auch das Partizip Perfekt (eher von intransitiven Verben) kann eher als feminines Verbalabstraktum verwendet werden:

-*ée* (< lat. *-atam*): *aller/allée, arriver/arrivée, chevaucher/chevauchée, entrer/entrée, fesser/fessée, monter/montée, pousser/poussée*
-*ie* (< lat. *-itam*): *sortir/sortie*
-*ue* (< lat. *-utam*): *choir, chu/la chute, croître, crû/la crue, venir, venu/la venue, voir, vu/la vue*

Sucht man für die ersten 100 Verben des Buchstabens E im Wörterbuch *Le Nouveau Petit Robert* (Paris, Le Robert, 2010; ergänzt mit *Le Grand Robert de la langue française*, Paris, Le Robert, [2]2001 bei fehlendem Eintrag im Petit Robert) die entsprechenden Verbalabstrakta, erhält man folgendes Bild:

Von fast allen Verben (98 von 100) wird lexikographisch registriert mindestens ein Verbalabstraktum abgeleitet. Dabei herrschen deutlich die Suffixe *-age* (51) und *-ment* (49) vor, die teilweise miteinander alternieren können. Der technische Charakter vieler dieser Wörter verrät ihre rezente Bildung, bestätigt somit die Lebendigkeit dieser Suffixe. Diese Gegebenheiten widersprechen der pauschalen Meinung in *Le Bon Usage* [12]1986, §168 von M. Grevisse, wonach

„*-tion* (...) c'est le suffixe nominal le plus productif en français contemporain". Dieses latinisierende Suffix, das in der Wörterbuchliste nur 7mal vorkommt, ist zwar, wie die weiter oben angeführten Beispiele zeigen, durchaus aktivierbar, häufig liegen aber diachron gesehen Wortlatinismen vor. Wie Beispiele wie *concevoir/conception, conclure/conclusion, construire/construction, convaincre/conviction, décider/décision, éroder/érosion, percevoir/ perception, réfléchir/réflexion, satisfaire/satisfaction* zeigen, sind zwar viele Verbalabstrakta an ihrer Endung erkennbar, aber nicht von einem korrelierenden französischen Verb ableitbar, da es sich um die Adaptierung von lateinischen Wörtern handelt. Reduziert aktivierbar sind die Suffixe *-aison* und *-ance/-ence*, die Bildung von Kurzverbalabstrakta und die Substantivierungen von Perfektpartizipien.

Als Verbalabstrakta liegen auch im Französischen einige als echte Substantive lexikalisierte Infinitive vor, die pluralisierbar sind (*le baiser, le déjeuner, le devoir, le dîner, le marcher, le pouvoir, le repentir, le rire, le savoir, le souper*). Im älteren Französisch konnten Infinitive dekliniert und pluralisiert und mit Determinantien und Adjektiven verbunden werden, zugleich aber auch den verbalen Charakter mit Adverbien und Direktem Objekt bewahren (*Si n'i ot que del avaler/Le pont* ‚Il n'y avait qu'à baisser le pont' (Buridant 2000, §250); „Le vray vaincre a pour son roolle l'estour" (Montaigne, *Essais*, I, xxxi; = le combat); „C'estoitent les formes vrayment Romaines, non de la Grecque subtilité et astuce Punique, où le vaincre par force est moins glorieux que par fraude." (Montaigne, *Essais*, I, v)). Seit dem Spätmittelalter nimmt der nominale und nominal-verbale Gebrauch des Infinitivs ab, auch wenn man ihn bei manchen Autoren bis zum 19. findet (*Le dormir sur la mousse* (Chateaubriand), *Le Bon Usage* [8]1964, §752).

- *Spanisch*

Verbalabstrakta können im Spanischen synchron vom Infinitivstamm durch folgenden Suffigierungen abgeleitet werden:

    -aje (< fr. *-age*): *anclar/anclaje, aterrar/aterraje, aterrizar/aterrizaje, montar/montaje*
    -anza (< lat. *-antia*): *alabar/alabanza, cobrar/cobranza, enseñar/enseñanza, esperar/esperanza, semejar/semejanza, vengar/venganza*

-(a, i)ción (< lat. -tionem, Latinismus): *actualizar/actualización, acuñar/acuñación, circular/circulación* (< lat. *circulationem*), *contestar/contestación* (< lat. *contestationem*), *fermentar/fermentación* (< lat. *fermentationem*), *inflamar/inflamación* (< lat. *inflammationem*), *realizar/realización, rectificar/rectificación; medir/medición, punir/punición* (< lat. *punitionem*), *repetir/repetición* (< lat. *repetitionem*)

-(a, i)miento (< lat. -mentum): *acoger/acogimiento, agradecer/agradecimiento, alistar/alistamiento, aparcar/aparcamiento, florecer/florecimiento, lavar/lavamiento, mover/movimiento, nombrar/nombramiento, pensar/pensamiento*

Es finden sich auch unsuffigierte postverbale Kurzverbalabstrakta mit maskuliner (-o, -e) oder femininer Endung (-a) Endung:

-Ø: *apoyar/apoyo, asaltar/asalto, castigar/castigo, cobrar/cobro, jugar/juego* (< lat. *iocum*), *pagar/pago, usar/uso, volar/vuelo; despegar/despegue, disfrutar/disfrute, gozar/goce, viajar/viaje; preguntar/pregunta, quintar/quinta, sembrar/siembra*

Auch das Partizip Perfekt (eher von intransitiven Verben) kann als feminines oder maskulines Verbalabstraktum verwendet werden: *acoger/acogida, caer/caída, llegar/llegada, partir/partida, salir/salida, venir/venida; volver/vuelta; ladrar/ladrido, lavar/lavado, llenar/el llenado de las esclusas, rugir/rugido*.

Sucht man für die ersten 100 Verben des Buchstabens E im Wörterbuch *Diccionario del español actual* von Manuel Seco/Olimpia Andrés/Gabino Ramos (Madrid, Aguilar, 1999) die entsprechenden Verbalabstrakta, erhält man folgendes Bild (wegen der sparsamen Registrierung von Verbalastrakta in diesem Wörterbuch, wurde deren mögliche Existenz durch Internet-Recherche ergänzt: Die ergänzte Liste zeigt, dass von fast allen Verben (96 von 100) ein oder zwei Verbalabstrakta ableitbar sind. Franz Rainer hat in seiner Studie *Spanische Wortbildungslehre* (1993, §2.17) für die *nomina actionis* ca. 60 Suffixe eruieren können. Aufgrund unserer Liste herrschen deutlich die Suffixe -*miento* (19 + 30 = 49) und -*ación* (19 + 14 = 33) vor, die teilweise miteinander alternieren können. Der technische Charakter vieler dieser Wörter verrät wie im Französischen ihre rezente Bildung, bestätigt somit die Lebendigkeit dieser Suffixe. Die Präsenz der suffixalen Endung -*ión* wird durch zahlreiche Entlehnungen aus dem Latein und dem Französischen (10) verstärkt, die zwar an der Endung als Verbalabstrakta erkennbar sind, aber nicht von einem korrelierenden spanischen Verb ableitbar sind, also nicht innerspanisch gebildet worden sind (*elegir/elección*; cf. auch weitere Beispiele wie *componer/composición, describir/descripción, dividir/división, pedir/petición, satisfacer/satisfacción, unir/unión*).

Reduziert aktivierbar sind die Suffixe *-aje* und *-anza*, die Bildung von Kurzverbalabstrakta und die Substantivierungen von Perfektpartizipien. Die erkennbaren Suffixe *-ancia/-encia* (< lat. *-antia/-entia*, Latinismus) kommen nur in Latinismen vor, auch wenn sie synchron mit einem spanischen Verb ableitungsmäßig korrelieren könnten (*ignorar/ignorancia* (< lat. *ignorantia*), *predominar/predominancia* (< lat. *praedominantia*), *vigilar/vigilancia* (< lat. *vigilantia*), *creer/creencia* (< spätlat. *credentia*), *exigir/exigencia* (< lat. *exigentia*). Von Konkreta werden mit dem Suffix *-azo* Abstrakta abgeleitet, die ein Schlagen angeben (*caballazo, cacerolazo, dedazo, garrotazo, porrazo, tomatazo*).

Als Verbalabstrakta liegen im Spanischen auch einige als echte Substantive lexikalisierte Infinitive (sp. *infinitivos nominales de naturaleza léxica*) vor, was man an ihrer Pluralisierungsmöglichkeit und an ihrer Kommutierbarkeit mit echten Substantiven erkennt: *amanecer/amaneceres, andar/andares, anochecer, anocheceres/anochecimiento, atardecer, atardeceres/atardecimiento, deber, deberes/obligación, decir/decires, parecer, pareceres/opinión, pesar/pesares, placer, placeres/contento, poder, poderes/capacidad, potencia, saber, saberes/conocimiento*.

Neben den als echten Substantiven lexikalisierten Infinitiven besteht die Möglichkeit, Infinitive als Kern von Satzgliedern, insbesondere Subjekt und Direktem Objekt, einzusetzen (*infinitivos nominales de naturaleza sintáctica*). Im Gegensatz zum Italienischen kann der Infinitiv pluralisiert werden (*los decires y los haceres; los despertares; los lentos caminares*). Er kann dabei eher nominalen oder eher verbalen Charakter haben oder beides. Zum nominalen Charakter gehören die Verbindung mit Determinantien (Artikel, Possessiva, Demonstrativa) und Adjektiven (*el caminar lento*) und der Anschluss des logischen Subjekts mit der Präposition *de* (genitivus subiectivus; *ese vivir de los bárbaros*). Zum verbalen Charakter gehören die Präsenz eines Subjekts und eines Objekts (*el hacerlo yo, el mirar la calle*) und die Verbindung mit Adverbien (*el caminar lentamente, el no trabajar, el haberse preocupado tanto*).

- *Portugiesisch*

Verbalabstrakta können im Portugiesischen synchron vom Infinitivstamm durch folgende Suffigierungen ableleitet werden:

-*agem* (< fr. -*age*): *aterrar/aterragem, colar/colagem, descolar/descolagem, lavar/lavagem, moer/moagem, passar/passagem, sabotar/sabotagem* (< fr. *sabotage*)

-*ança/-ença* (< lat. -*antia/-entia*): *aliar/aliança, confiar/confiança, concordar/concordância, esperar/esperança, lembrar/lembrança, segurar/segurança, semelhar/semelhança, vingar/vingança; crer/crença* (< spätlat. *credentia*), *parecer/parecença*

-*ância/-ência* (< lat. -*antia/-entia*, Latinismen): *repugnar/repugnância* (< lat. *repugnantia*), *tolerar/tolerância* (< lat. *tolerantia*); *convergir/convergência, influir/influência, preferir/preferência*

-(*a, i*)*ção* (< lat. -*tionem*): *admirar/admiração* (< lat. *admirationem*), *apreciar/apreciação, coroar/coroação, formar/formação* (< lat. *formationem*), *modernizar/modernização, nomear/nomeação, panificar/panificação, reconciliar/reconciliação* (< lat. *reconciliationem*), *situar/situação; definir/definição* (< lat. *definitionem*), *destruir/destruição* (< lat. *destructionem*), *medir/medição, punir/punição* (< lat. *punitionem*), *repetir/repetição* (< lat. *repetitionem*)

-(*a, i*)*mento* (< lat. -*mentum*): *bombardear/bombardeamento, conhecer/conhecimento, desanuviar/desanuviamento, doutorar/doutoramento, encarecer/encarecimento, jurar/juramento, mover/movimento, pagar/pagamento, pensar/pensamento*

Es finden sich auch unsuffigierte postverbale Kurzverbalabstrakta mit maskuliner (-*o*, -*e*) oder femininer Endung (-*a*) Endung:

-Ø: *apoiar/apoio, apreçar/apreço, almoçar/almoço, arranjar/arranjo, atrasar/atraso, aumentar/aumento, bloquear/bloqueio, castigar/castigo, custar/custo, despegar/despego, despejar/despejo, ensinar/ensino, fabricar/o fabrico, reforçar/reforço, voar/voo; alcançar/alcance, enfeitar/enfeite, bailar/baile; consultar/consulta, perguntar/pergunta, vender/venda, voltar/volta*

Auch das Partizip Perfekt (eher von intransitiven Verben) kann als feminines oder maskulines Verbalabstraktum verwendet werden: *acolher/acolhida, chamar/chamada, chegar/chegada, descer/descida, partir/partida, sair/saída; ladrar/ladrido, rugir/rugido*

Vom Partizip Perfekt können Verbalabstrakta mit dem Suffix *-ura* (< lat. *-ura*) abgeleitet werden: *abrir, aberto/abertura, cozer, cozido/cozedura, fiar, fiado/fiadura; semear, semeado/semeadura*.

Sucht man für die ersten 100 Verben des Buchstabens E im Wörterbuch *Dicionário da Língua Portuguesa Contemporânea* der Academia das Ciências de Lisboa (2001) die entsprechenden Verbalabstrakta, erhält man folgendes Bild (ergänzt durch *Novo dicionário Aurélio da língua portuguesa*, 1986):

Aufgrund dieser Stichprobe scheint das Portugiesische bei der Bildung von Verbalabstrakta zurückhaltender als die anderen romanischen Sprachen zu sein: in 48 Fällen wird kein Verbalastraktum registriert. Das häufigste synchrone Ableitungssuffix ist das Suffix *-(a, i)ção*, wobei diachron gesehen manches Wort ein Latinismus oder Gallizismus ist (z.B. *educação* < lat. *educationem, elevação* < lat. *elevationem*). Als Verbalabstrakta sind auch die zahlreichen Latinismen und Gallizismen auf *-ão* erkennbar, die aber nicht von einem korrelierenden portugiesischen Verb direkt ableitbar sind (z. B. *eclodir/eclosão* < fr. *éclosion, efundir/efusão* < lat. *effusionem, eleger/eleição* < lat. *electionem*; cf. ferner die adaptierten Latinismen *decidir/decisão, discutir/discussão, produzir/produção*). Eine gewisse Frequenz weisen auf das Suffix *-mento* (17), das manchmal mit *-ação* alternieren kann, und die unsuffigierten postverbalen Abstrakta (10). Wenig aktivierbar scheinen die Suffixe *-agem* (i.A. handelt es sich um Wortgallizismen, cf. *embalagem* < fr. *emballage, embraiagem* < fr. *embrayage*), *-ança/-ença, -ância/-ência* und *-ura* zu sein. Von Konkreta werden mit dem Suffix *-ada* Abstrakta abgeleitet, die ein Schlagen angeben (*bengalada, dentada, facada, paulada, porrada*).

Auch im Portugiesischen liegen einige lexikalisierte Infinitive vor (*o dever/os deveres, o jantar/os jantares, o parecer/os pareceres, o poder/os poderes*). Der nicht lexikalisierte Infinitiv kann ebenfalls als Verbalabstraktum aufscheinen, wobei er eher nominalen oder eher verbalen Charakter haben kann oder beides. Zum nominalen Charakter gehören die Verbindung mit Determinantien (Artikel, Possessiva, Demonstrativa) und Adjektiven („dói-me o teu chorar", „senti o teu chorar", „vi o teu lento caminhar sobre o asfalto") und der Anschluss des logischen Subjekts mit der Präposition *de* (genitivus subiectivus: „o ladrar dos cães"). Zum verbalen Charakter gehört die Präsenz eines Subjekts („como ela imita o ladrar os cães", „ouve... o ladrar os cães"; Beispiele aus dem Internet).

Vergleichender Kommentar

Ein synchroner typologischer Vergleich der Bildung von Verbalabstrakta in den fünf größeren romanischen Standardsprachen zeigt den deutlichen Abstand zwischen dem Rumänischen einerseits und den übrigen romanischen Sprachen.

Im Prinzip könnte man sprachhistorisch erwarten, dass Verbalabstrakta von einer verbalen Grundform abgeleitet werden. Hierzu bietet sich wegen seines verbalen und nominalen Charakters der Infinitiv an, der in allen romanischen Sprachen im Gegensatz zum Albanischen, Makedonischen, Bulgarischen und Neugriechischen auch morphologisch weiterhin besteht.

Das Rumänische hat aber den Infinitiv morphosyntaktisch in zwei Typen gespalten, sodass die rumänischen Verben heute über zwei Infinitive, einen langen und einen kurzen, verfügen. Der kurze Infinitiv, der durch den vorangestellten Marker *a* und den Abfall der Endung -RE gekennzeichnet wird, hat rein verbalen Charakter erhalten und wird dementsprechend nach bestimmten Modalverben (z.B. *a putea veni*) und in Abhängigkeit von Präpositionen (z.B. *pentru a veni*) verwendet. Von jedem Verb kann aber auch ein langer Infinitiv (mit der ursprünglichen Endung -RE und ohne Marker) gebildet werden, der als nominales, feminines, deklinierbares bestimmbares Verbalabstraktum fungiert (z.B. *venirea ta*). Neben diesen zwei Infinitiven hat das Rumänische auch ein sogenanntes Supinum entwickelt, das morphologisch mit dem maskulinen Partizip Perfekt koinzidiert und als Verbalabstraktum mit verbalem (*mașina de spălat rufe*) und nominalem (*spălatul vaselor*) verwendet werden kann. Der gespaltene Infinitiv und das Supinum kommen weder in den übrigen romanischen Sprachen noch in den Balkansprachen vor, sie bilden ein markantes Alleinstellungsmerkmal des Rumänischen dar.

Die übrigen romanischen Sprachen kennen zwar einige fossilisierte Infinitive, zeigen aber für die Verbalabstrakta eine große Dispersion von Typen: Ableitungen vom Stamm des Infinitivs oder des Partizips Präsens mit im Allgemeinen vier verschiedenen Suffixen, Kurzverbalabstrakta, substantivierte feminine oder maskuline Partizip-Perfekte, Ableitungen von Partizip-Perfekten. Die Suffixe sind alle ähnlich, häufig handelt es sich bei den Substantiven diachron gesehen nicht um Ableitungen, sondern um Latinismen. Dabei sind zwar die Verbalabstrakta morphologisch eher leicht erkennbar, aber bei der Sprachproduktion nicht systematisch voraussagbar.

9.2 Das Supinum

Alle romanischen Sprachen kennen als infinite, tendenziell nicht konjugierte Formen Infinitive, Partizipien und Gerundien. Das Rumänische kennt aber noch eine weitere infinite Form, das sogenannte Supinum (cf. *cules* ‚(das) Sammeln'/‚(die) Ernte', *scăldat* ‚(das) Baden', *tras* ‚(das) Ziehen' *trecerat* ‚(das) Dreschen', *vânat* ‚(das) Jagen'/‚(die) Jagd'). Die Bezeichnung ist ein *terminus technicus* der lateinischen Grammatikographie; nach dem Handwörterbuch von Georges (s.v. *supinus*) soll sie ausdrücken, dass diese Verbalform „mit substantivischer Kasusendung ans Verbum sich gleichsam zurücklehnt". Das Supinum mit dem Morphem -*tu*- ist nicht allgemein indogermanisch. Das Altindische kennt einen Infinitiv auf -*tum*, der eine undeklinierbar gewordene Akkusativform eines alten Verbalabstraktums ist (*dātum* ‚geben' < Wurzel in der Hochstufe *dā* + Suffix -*tu*- + Akkusativendung -*m*; Szemerény 1970, §6.2.). Das -*tu*-Supinum besteht in den älteren Sprachen nur im Kirchenslawischen (дамъ ‚(aller) donner'; Vaillant 1948, §168 und 250), im Umbrischen und im Latein (Wackernagel 1926, Kap. XLVI), heute besteht es noch im Niedersorbischen, im Slowenischen und im Litauischen. Es steht in Konkurrenz zum Infinitiv und steht vorzüglich in Abhängigkeit von Verben, die eine gerichtete Bewegung ausdrücken.

Das lateinische Supinum ist ein altes Verbalsubstantiv mit der gleichen Morphologie der *nomina actionis* auf -*tus* der vierten Deklination (*auditus* ‚das Hören', *cantus* ‚das Singen', *captus* ‚das Fassen', *casus* < *cad-tus* ‚das Fallen', *exitus* ‚das Herasugehen', *habitus* ‚das Sich-Gehaben', *tactus* ‚das Berühren', *visus* < *vid-tus* ‚das Sehen'), das aber nur in zwei Kasus fossiliert ist (Akkusativ: *venatum ire* ‚zum Jagen gehen') und Dativ (*hoc facile est intellectu* ‚dies ist leicht zum Verstehen') und verbalen Charakter erhalten hat (*legatos misit pacem petitum* ‚er schickte Gesandte Frieden zu erbitten'). Die Form auf -*tum* (Supinum I) wird vor allem mit Verben der gerichteten Bewegung (*ire, mittere, dare* usw.), die Form auf -*tu* (Supinum II) mit Adjektiven verwendet, die eine Möglichkeit (*facile dictu* ‚leicht zu sagen') oder ein Gefühl (*mirabile dictu* ‚erstaunlich zu sagen') ausdrücken. Das Supinum I ist häufig in der archaischen Zeit, wird aber in der klassischen Zeit mit Ausnahme bestimmter Autoren ungebräuchlich. Das Supinum II wird in allen literarischen Epochen verwendet (Bassols de Climent 1973, §426–429). Schwer zu entscheiden ist, ob wir es im folgenden Beispiel aus dem karolingischen *Capitulare de villis et curtis imperialibus* mit einem Verbalabstraktum oder mit einem Supinum ‚rumänischer' Prägung zu tun haben:

„Ut unusquisque iudex praevideat, quomodo sementem bonum et optimum semper **de comparatu** vel aliunde habeat." (‚Jeder Amtmann sehe zu, wie er stets gutes, ja bestes Saatgut durch Kauf oder sonstwoher erhält.', Wies 1992, 60)

Das rumänische Supinum fällt lautlich mit dem Partizip Perfekt zusammen. Es hat ähnlich wie im Italienischen und im Spanischen der Infinitiv einen sowohl nominalen (Verbindung mit Determinantien, Adjektivierung, Deklination, genitivische Spezifizierungen) als auch verbalen (Adverbialisierung, Regierung eines Direkten Objekts, Möglichkeit der Subjektsetzung, Agenserzgänzung, keine Pluralbildung) Charakter (Pană Dindelegan 2013, §4.4., Dragomirescu 2011, Dragomirescu 2013: nominal: *mersul, acest mers pe jos, contra mersului pe jos, spălatul vaselor, spălatul de vase, se plictisește de cititul acelorași cărți* verbal: *se plictisește de citit aceleași cărți, Ion a plecat la cules mere, am cumpărat măsuțe de jucat copii, e greu de rezolvat problema de către toții copii*). Das Supinum lehnt Klitika ab (**Ion se apucă de îl citit*, Dragomirescu 2013).

Im heutigen Rumänisch wird das Supinum als Verbalsubstantiv in folgenden Konstruktionen verwendet:

a) Als Subjekt mit tendenziell, aber nicht ausschließlich nominalem Charakter
   fumatul interzis ‚Rauchen verboten'
   „sositul primăverii nu ne face viața mai ușoară" (Internet 2015)
   „în sezonul de vânătoare din acest an va fi interzis vânatul mistreților" (Internet 2013)

b) Als präpositives lokatives/finales Satzglied in Abhängigkeit von Verben, die eine Bewegung ausdrücken, mit verbalem Charakter
   mă duc la secerat grâu ‚ich gehe um Weizen zu mähen'

acum poți să pornești la păscut ‚jetzt kannst du zum Weiden losgehen'
se duse în casă pentru legănat copilul ‚sie ging nach Hause, um das Kind einzuwiegen'
merseră la cârciumă la băut aldămașul ‚sie gingen ins Wirtshaus zum Haustrunk'
„Aș fi putut să-i aduc la mine, la prășit porumbul" (Gh. Jurgea-Negrilești)
„l-am văzut umblând prin târg (...) după cumpărat sumani" (Creangă).
„Moș Dan și eu la Nistru ne ducem pe luptat!" (V. Alecsandri)
„Jeny s-a întors de la cules capșuni" (Ovidiu Mihailescu)

c) Als präpositives Satzglied zur Ortsangabe ohne Bewegung oder zur Zeitangabe
„în timp de ne aflăm la făcut fân lingă o pădure" (Internet 2015)
„la făcutul gropii se băuse vârtos" (Ziarul de Iași, 7 mai 2014, p. 6A)
pe la cântatul cocoșilor ‚um die Zeit, wenn die Hähne krähen'

d) Als genitivale Ergänzung zu Substantiven oder als präpositionale Ergänzung zu Verben
„în scopul gestionării durabile a vânatului" (Internet 2006)
„Lucruri pe care nu le știai despre învățatul copilului la oliță" (Internet 2012)
„au venit câteva familii de nemți ca să participe la seceriș" (Internet 2014)

e) Als nominale, mit *de* eingeführte Spezifizierung eines Substantivs, mit finaler Bedeutung (‚dient zu') und mit verbalem Charakter
pe lângă iaz este o moară de făcut făină ‚neben dem Mühlteich ist eine Mühle um Mehl zu machen'.
fier de călcat ‚Bügeleisen'
„fântâna nu avea nici o roată, nici cumpănă, numai o scară de coborît până la apă" (Creangă)
„instalații artizanale de fabricat băuturi alcoolice" (Curentul 11.3.2013)
Hierhin dürften auch folgende Konstrukte gehören:
nu-i vreme de pierdut ‚es ist keine Zeit zu verlieren'
încă nu-i vremea de cules struguri ‚es ist noch nicht Zeit Trauben zu ernten'

i-o fi venit vremea de însurat ‚wird die Zeit gekommen sein, da er heiratet'
„n'are vreme de stat la vorbă cu noi" (Creangă)

f) In Abhängigkeit von Adverbien/Adjektiven, die eine Möglichkeit (‚bereit', ‚fähig', ‚geeignet zu', ‚leicht', ‚nützlich', ‚schwierig', ‚unmöglich' usw.) oder eine besondere Wahrnehmung (‚bitter', ‚interessant', ‚süss', ‚würdig' usw.) ausdrücken (unpersönliche wertende Konstrukte, *tough*-Konstruktionen), das Supinum wird durch die Präposition *de* eingeführt und hat passivische oder intransitive Bedeutung
orzul era bun de secerat (= *orzul era bun ca să fie secerat*) ‚die Gerste war gut zu ernten'
„ești foarte bun la calculat cu abacul" (Internet 2014)
regula-i lesne de învățat/e lesne de a învăța regula asta ‚die Regel ist leicht zu lernen'
lucrul nu-i cu totul lesne de pus la cale ‚die Sache ist nicht leicht auf den Weg zu bringen'
asta-i lucru greu de înțeles ‚dies ist eine schwer zu begreifende Sache'
asta-i lucru ușor de făcut ‚das ist eine leicht zu machende Sache'
„e greu de caracterizat România dintre cele două războaie ca fiind democratică sau nedemocratică" (L. Boia)
lucruri interesante de știut ‚interessante Dinge zu wissen'
tot era vrednic de văzut ‚alles war sehenswert'
un hap amar de înghițit ‚eine bittere Pille zum Schlucken'

g) In Abhängigkeit von nezessitativen Ausdrücken wie *a avea de* ‚haben zu', *a fi de* ‚sein zu', *a da de* ‚aufgeben', mit verbalem Charakter
am (mult) de făcut ‚ich habe (viel) zu tun
am de dus o mașină în România ‚ich muss ein Auto nach Rumänien bringen'
am de trecut prin multe locuri ‚ich muss durch viele Orte fahren'
mult ai avut de răbdat ‚lange musstest du dich gedulden'
Ce mai ai de întrebat? ‚Was hast du noch zu fragen?'
„că avem (…) aceleași trebuințe de îndestulat, aceleași hotare de păzit, aceleași dureri în trecut, același viitoriu de asigurat și în sfîrșit aceeași misie de împlinit" (Mihail Kogălniceanu)
Ce-i de făcut? Nu-i de făcut nimic ‚Was ist zu tun? Nichts ist zu tun'

vor fi multe de îndreptat ‚es wird viele Dinge geben zu richten'
era de necrezut cât putea să bea ‚es war unglaublich, wieviel er trinken konnte'
„E de mirat însă că fetele urmau aceleași cursuri ca și băieții" (Sabina Cantacuzino)
„(sc. caii) Erau de furat" (Gh. Jurgea-Negrilești)
„Apoi ne-a pus în rând cu ceilalți școlari și ne-a dat la învățat" (Creangă)
In Verbindung mit dem Verb *a trebui* ‚müssen' könnte man ebenfalls an eine Supinform denken:
trebuie făcut ceva ‚man muss etwas tun'
iată ce am socotit că trebuie cunoscut ‚das habe ich gedacht muss man kennen'
Das regelmäßige Fehlen der Präposition *de* und die Übereinstimung mit einem Bezugssubstantiv weisen aber darauf hin, dass wir es mit einem passivischen Partizip zu tun haben:
„Evacuarea lor totală chiar înaintea mobilizării trebuiește pregătită în cele mai mici amănunțimi" (R. R. Rosetti)
„Toți cei ce nu sunt trebuincioși activității de război trebuiesc evacuați" (R. R. Rosetti)
„Trebuie găsită soluția pentru că domnul Ponta să plece" (adevărul weekend, 2-4 octombrie 2015)

h) In Abhängigkeit von Aspekt- und Aktionsverben, mit verbalem Charakter (*a ajunge, a se apuca de, a se gândi la, a se opri din, a se pregăti de, a se pune pe, a sfârși de, a sta de, a termina de*)
s-a apucat de citit romane ‚er hat angefangen Romane zu lesen'
s-a gândit la citit ‚er hat an das Lesen gedacht'
s-a oprit din citit ‚er hat aufgehört zu lesen'
s-a pus pe citit ‚er hat sich an das Lesen gemacht'
a sfârșit de citit ‚er hat aufgehört zu lesen'
a terminat de citit ‚er hat aufgehört zu lesen'
el stă din băut ‚er hört mit dem Trinken auf'
„Când ajunse de măritat, împăratul zisei împărătesei" (Ispirescu)
„cum a văzut că (…) ne pregătim de urat" (Creangă)

i) Am Satzanfang als Thematisieungsäußerung zu einem verbalen Prädikat (‚in Bezug auf')
de auzit am auzit ‚in Bezug auf das Hören habe ich gehört'
de răpit nu mă poți răpi ‚rauben kannst du mich nicht'
de mâncat ați mâncat, și de băut ați băut fiecare cât șaptesprezece ‚gegessen habt ihr, getrunken habt ihr, jeder wie siebzehn'
de uitat, n-am uitat nimica ‚vergessen habe ich nichts'

Wie die Beispiele zeigen, entspricht das rumänische Supinum sowohl lautlich und morphologisch als auch in einigen seiner Funktionen (final/lokativ, cf. b), und bewertenden Konstrukte, cf. f)) den lateinischen Supina. Die formale Gleichstellung mit dem lateinischen Supinum findet sich seit der rumänistischen Grammatikographie der zweiten Hälfte des 19. Jahrhundert, wie z. B. in der *Gramatică română* von G. Munteanu (1860, §107):

„Supinulu nostru de o forma cu celu latinu in u determina adjetivulu de predicatu in form'a unui genitivu prepusationale cu de mai dupa acelesi adjective, ce si in latin'a se-construe cu supinu, cum su:
Bunu, reu, dulce, amaru, usiori, lesne, greu, onestu, urîtu, hîdu, coptu, maturu etc.
Limb'a acestui scriitoriu este usióra de intielesu; acésta specie de pesce e buna de mancatu;
Se-pune si dupa a-fi, spre-a formá cu copul'a predicatulu, candu deordinariu adjetivulu vine elipticu: Acest'a nu e de crediutu; iérb'a este de cositu; fat'a acést'a e de maritatu; acestu scolariu este de promovatu."

Aron Pumnul bringt in seiner *Grammatik der rumänischen Sprache* unter der „Bildung des Supinums" (1864, §104) die finalen Äquivalenzen *îmblat* ‚um herumzugehen', *domnit* ‚um zu herrschen' usw. Die Weiterführung des lateinischen Supinum gilt als eine Erklärung für die Herkunft des rumänischen Supinum:

„Das lat. Supinum ist als solches erhalten" (Tiktin 1905, §283)
„Dintre limbile romanice, se pare că numai româna a păstrat supinul tot cu rol de substantiv verbal, dar i-a lărgit mult sfera de întrebuințare." (Stati, in Academia Republici Populare Române, *Istoria limbii române*, 1965, 190).

Aber gegen eine direkte Fortsetzung des lateinischen Supinum sprechen verschiedene Argumente (cf. Livescu 2008, §6.3.14.; Frâncu 2009, 132): der seit der klassischen Zeit eher nicht volkstümliche Gebrauch im Latein, sein Fehlen in den süddanubischen romanischen Varietäten und ebenfalls sein Fehlen in den anderen romanischen Sprachen. In letzteren entspricht dem rumänischen Supinum in der Regel ein Infinitiv, manchmal ein Verbalabstraktum, sehr selten ein Partizip Perfekt:

a) it. *proibito fumare, resta proibito il fumare tabacco*; fr. *défense de fumer*
b) it. *andiamo a mietere il grano*, fr. *nous allons couper le grain*
c) it. *ci trovavamo a trebbiare, al canto del gallo*; fr. *on s'est vu au fauchage, au chant du coq*
d) it. *la legge sulla caccia*, fr. *la loi de la chasse*
e) it. *ferro da stiro, un libro da leggere, non c'è tempo da perdere*; fr. *fer à repasser, un livre à lire, il n'y a pas de temps à perdre*
f) it. *questo problema è facile da risolvere/è un problema facile a risolversi, degno da vedersi/di essere visto*; fr. *un problème facile à résoudre, digne d'être vu*
g) it. *ho molto da fare, bisogna fare*; fr. *j'ai beaucoup à faire, il faut faire*
h) it. *ho finito di leggere*, fr. *j'ai terminé de lire*
i) it."*per parlare, sai parlare*" (Sciascia), „*mandare, ti manderò*" (Imbriani), „*mangiato, avevano mangiato*" (Imbriani); fr. *pour parler, ils ont parlé*

Wie die westromanischen Sprachen zeigen, kann ganz allgemein das Partizip Perfekt zur Bildung eines Verbalabstraktums dienen, für das es nach Rohlfs (§1129) lateinische Vorbilder gäbe, aber die durchaus auch erst in den Vulgärsprachen echt entfaltet worden sind (cf. 9.1.: it. *andata, caduta, cavalcata, scossa, permesso*; fr. *allée, chevauchée, fessée, sortie, chute*; sp. *acogida, caída, salida, vuelta, lavado, llamado*; pg. *acolhida, chamada, saída, ladrido*). Allerdings sind diese Bildungen tendenziell Feminina, entsprechen eher intransitiven Verben und haben rein nominalen Charakter. Man kann aber auch frappante ähnliche Entwicklungen finden: das chilenische *llamado* für allgemein sp. *llamada/llamamiento* entspricht genau dem *chematul* ‚Ruf, Aufruf' aus der *Psaltirea Hurmuzaki* (Dragomirescu 2013).

Das rumänische Supinum ist seit den ersten Texten im 16. Jahrhundert belegt, zu Beginn nicht sehr häufig. Die ersten Belege entsprechen den Typen c)

(„iară ale păcătoșilor suflete, după ieșit așa se și duc" (Coresi) ‚et les âmes des pécheurs, après être sorties, s'en vont'), e) („marhă de furat", „apă de spălat"), g) („strugurii care-s mai copți să hie de mîncat") und h) („se săturară de jefuit"), die entsprechenden Verben sind eher transitiv, die Bedeutung ist passivisch, final oder perfektiv. Seit dem Ende des 17. Jahrhundert kann das Supinum ein Direktes Objekt regieren („vas de ținut ulei") oder ein Subjekt aufweisen („loc de cinat șase înș"), seit demselben Jahrhundert wird er auch in Abhängigkeit von Adjektiven, seit dem 18. Jahrhundert in Abhängigkeit von Verben der Bewegung verwendet (Frâncu 2009, 132, 322; Dragomirescu 2013, 51–85). Die Bildung des Supinums kann durch die romanisch-slawische Symbiose begünstigt worden sein. Das Kirchenslawische kennt zwei infinite Formen mit ähnlicher dentaler Endung: das Supinum auf *-mъ*, eigentlich der Akkusativ Singular der indogermanischen Substantive auf *-tus*, das in Verbindung mit Verben der Bewegung mit Genitivergänzung verwendet wird (приде видјетъ гроба ‚er kam um das Grab zu sehen'; cf. Vaillant 1948, §168; Bielfeldt 1961, §302; Olteanu 1974, 175–178), und den Infinitiv auf *-mu* mit verschiedenen Funktionen (Vaillant 1948, §167, 250; Bielfeldt 1961, §300; Olteanu 1974, 179–188). Dabei wird das Supinum allmählich durch den Infinitiv ersetzt. Man kann sich vorstellen, dass beim Code-Switching vom slawischen Infinitiv und Supinum zum Rumänischen dem Sprecher oder Schreiber zuerst die infinite, d.h. die partizipiale Form auf *-t* eingefallen sei (etwa ѣсти > *mâncat*).

Das Supinum steht lange in Konkurrenz mit dem nominalen und verbalen, langen und kurzen Infinitiv. Im 16. Jahrhundert regieren die Verben der Bewegung und die wertenden Ausdrücke den Infinitiv: „și îmbla a vedea" (*Psaltirea Hurmuzaki*), „Că nu e lesne a întra bogatul în împărăția ceriului"(Coresi) (Dragomirescu 2013). Im Altrumänischen begegnen wir noch Konstrukten wie „uloiul de-a luminarea" (‚l'olio da illuminazione'), „ascultarea pre Hristos" (‚l'ubbidire Cristo') (artikulierter langer Infinitiv mit Verbalfunktion; Stan 2013). Die Herausgeberin der *Istoriia Țărâi Rumânești atribuită stolnicului Constantin Cantacuzino* stellt für diesen Text des 18. Jahrhundert fest: „Supinul apare frecvent în construcții care le dublează pe cele cu infinitivul: …iaste de crezut…iaste a zice și a scrie…" (Dragomir 2006, 70). Noch heute bestehen die Dubletten *hai la culcare/la culcat* ‚gehen wir schlafen' und *e de mirare/de mirat* ‚es ist erstaunlich'. Pană Dindelegan (2013, §4.4.) weist ausdrücklich auf die noch heute bestehenden morphosyntaktischen Aklternanzen: *dorința de ci-*

tit/de a citi/să citeşti; ei continuă de citit/a citi/să citească; e uşor de spus/a spune/să spui; vrednic de trimis la Paris/(de) a fi trimis/să fie trimis.

Die vorangehende Darstellung zeigt, wie die Ostromania und die Westromania ähnliches latentes Material – in unserem Fall das lateinische Partizip Perfekt – divergierend entwickeln. Die westromanischen Sprachen bilden ein Verbalabstraktum, das tendenziell feminin ist und nur nominal verwendet werden kann. Die starke Ähnlichkeit der Formen legt die Vermutung nahe, dass sie sich dabei gegenseitig beeinflusst haben. Das Rumänische entfaltet dagegen das alte Partizip Perfekt als nominales und verbales Verbalabstraktum, das in deutlicher Konkurrenz zum Infinitiv steht und vielleicht stärker als Adina Dragomirescu annimmt („étant donné le contexte unique dans lequel le supin a été/est utilisé, notamment après des verbes de mouvement, pour exprimer le but de l'action, l'apparition du supin en roumain ne peut pas être le résultat du contact linguistique avec les langues slaves. Cependant, il est possible que l'existence du supin (suivi d'un complément au génitif) surtout dans le slavon d'église ait influencé la fréquence de la structure correspondante en roumain, par l'intermédiare des traductions." (71–72)) durch Code-Switching begünstigt worden ist.

9.3 Die Entstehung ambigener Substantive

Wegen des Verlustes der Deklinationen werden die Substantive in den romanischen Sprachen nicht mehr nach Deklinationstypen wie im Latein, sondern nach ihrem Genus (Maskulina und Feminina) klassifiziert. Die Neutra wurden in der Regel an die Maskulina (ausgehend von der Singularform: z.B. vinum > it. *il vino*, pg. *o vinho*) oder an die Feminina (ausgehend von der Pluralform: folia > it. *la foglia*, pg. *a folha*) angeglichen, daher die neuen Plurale *i vini/os vinhos, le foglie/as folhas*.

Für die Pluralbildung sind im Portugiesischen, Spanischen und Französischen die lateinischen Akkusativformen auf -s grundsätzlich verallgemeinert worden. Das Altfranzösische und das Altokzitanische hatten nach dem reduzierten Muster der zweiten Deklination vor allem für die Maskulina einen Zweikasussystem mit einem Nominativ als *cas sujet* und einem Akkusativ als *cas régime* (*li mur/les murs*), das aber ab dem 12. Jahrhundert zugunsten der Akkusativformen aufgegeben wird. Fortsetzer lateinischer Neutra auf -a fehlen ganz im Portugiesischen, Spanischen und Katalanischen. Sie haben spärliche

Reste in den ältesten okzitanischen (cf. die Plurale *charra* < carra, *paira* < paria; Grafström 1968, §12) und französischen Texten (cf. die Plurale *aumaille* < animalia, *brace* < bracchia, *carre* < carra, *membre* < membra, *milie* < milia, *paire* < paria, *vitaille* < victualia; *la brace* ‚die zwei Arme' in der *Chanson de Roland*) hinterlassen. Regelmäßige Plurale auf -*a* wären in diesen Sprachen im System der Substantive systemwidrig gewesen.

Im Rumänischen und im Italienischen dürften die maskuline Nominativform der zweiten Deklination (*muri*), die feminine Nominativform der ersten Deklination (*casae*) und die neutrale Pluralform der zweiten und dritten Deklination (*brachia, tempora*) in einer ersten Phase verallgemeinert worden sein. Dadurch korreliert die Pluralbildung mindestens teilweise mit dem Genus. Dass sich die Nominativformen auf verschiedene Vokale anstatt der Akkusativformen auf -*s* wie im Französischen, Spanischen und Portugiesischen durchgesetzt haben, könnte mit einem frühen Schwund von auslautendem -*s* zusammenhängen, wodurch Plural und Singular zusammengefallen wären (*casas* > *casa*, *muros* > *muro*); in toskanischen Mundarten hat Rohlfs (§363) tatsächlich Formen wie *la kapra* für Singular und Plural feststellen können. In einigen Fällen wurden so die typischen Singular- (-*u*-) und Pluralendungen (-*a*, -*ora*) beibehalten. Auf diese Weise ist eine Mischklasse entstanden (maskuline Singularform/feminine Pluralform), die dazugehörigen Substantive werden in der rumänischen Grammatikographie *substantive neutre* oder *ambigene* genannt, Ledgeway (2009, §4.4.1.) nennt sie *nomi ambigeneri*.

In beiden Sprachen ist eine gewisse Prädominanz der maskulinen Endung -*i* zu beobachten, die vor allem im Rumänischen auch bei den Feminina eindringt. Das Rumänische hat die lateinischen Neutra gut als Ambigene integriert, indem sie mit dem pluralen Femininartikel verbunden wurden, zugleich die nominalen Endungen den üblichen Endungen auf -*e* und -*i* adaptiert wurden (*brachia* nicht > **brață*, sondern *brațe, tempora* > *timpure* > *timpuri*; cf. Frâncu 2009, 33–34). Das Italienische hat im Gegensatz zum Rumänischen das neutrale -*a* bewahrt, aber mit femininen Determinantien verbunden, was zu einer störenden Asymmetrie geführt hat (*le braccia*) und zum Abbau der Ambigenen beigetragen haben dürfte.

Im frühen Mittelalter war die Endung -*ora* in Norditalien und Tuscien noch so markant, dass sie auch auf Maskulina und auf Neutra der zweiten und vierten Deklination übertragen worden ist (*fundora, campora, cibora, colphora, fundora, tectora, lacora, portora* usw.), die dann ihrerseits wieder feminisiert worden sind (*camporas, fundoras, rivoras, tectoras*; cf. Funcke 1938, 22; Rohlfs

§ 370; Zamboni 1998, §4.3.). Alt sind sie auch im Neapolitanischen (cf. Ledgeway 2009, §4.4.1.: *le autre bangnora* usw.). Im Italienischen ist die Mischklasse jedoch rückläufig: *il castello/le castella*, heute *i castelli, il dito/le dita*, aber *uno dei diti* (partitiv), *i diti pollici* (Plural der einzelnen Finger). In seinem Werk *Prose della volgar lingua* aus dem Jahre 1525 gibt Piero Bembo noch folgende Beispiele für den Gebrauch einer früher weiter verbreiteten Pluralform auf *-ora*, die an das rumänische System erinnert: „Gli antichi Toscani un altro fine ancora nel numero del più, in segno del loro neutro, assai sovente usarono nelle prose e alcuna volta nel verso; sì come sono *Arcora Ortora Luògora Bòrgora Gràdora Pratora* e altri". Der Neapolitaner Basilio Puoti zitiert in seinen *Regole elementari della lingua italiana* (1833) die Formen *carra, castella, coltella, comandamenta, digiuna, fossa, fusa, gomita, mulina, peccata, polpastrella, poma, telaia, vasellamenta*). Die süditalienischen Varietäten kennen bis heute diese Mischklasse mit Pluralformen auf *-a* oder *-ora/-ura* (cf. Ledgeway 2009, 4.4.1.2.: *'o grado/le grada* ‚Leiter'), auch wenn sie auch hier rückläufig und durch paradigmatische Analogien ersetzt werden (neapolitanisch *le castella > le castelle*, cf. Ledgeway 2009, 4.4.1.2.; sizilianisch *tettura > li tetta > li tetti*, cf. Ruffino 2002, 56).

Im Rumänischen ist dieses Mischsystem (Singular maskulin und Plural feminin auf *-e, -uri* oder *-i* (*firul* ‚der Faden', Maskulinum vs. *firele* ‚die Fäden', Femininum; *degetul/degetele* ‚der Finger'; *timpul/timpurile* ‚die Zeit'; *trenul/trenurile* ‚der Zug'; *exercițiul/exercițiile* ‚die Übung') mit den konsequenten morphosyntaktischen Übereinstimmungen der Adjektive (Singular maskulin: *vinul nostru, satul frumos*, Plural feminin: *vinurile noastre, satele frumoase*) dagegen stark verbreitet (Frâncu 2009, 33–35). Zu dieser Klasse gehören aber keine Substantive, die Lebewesen bezeichnen. In sie werden häufig die Neologismen integriert, so die Gallizismen *avion/avioane, creion/creioane, tren/trenuri*, die Germanismen *ghips/ghipsuri, rucsac/rucsacuri* (neben *rucsaci*) und die Anglizismen *meci/meciuri, miting/mitinguri, mixer/mixere*. Im Gegensatz zu den westromanischen Sprachen aktiviert also das Rumänische eine lateinisch latente Pluralform und entfaltet sie derart, dass im Nominalsystem drei deutliche Genusklassen zu unterscheiden sind (cf. auch Kahl/Metzeltin 2015, Kap. V).

9.4 Die Entfaltung des Dativus possessivus

Sowohl das Latein als auch die romanischen Sprachen kennen den Gebrauch der Personalpronomina als Dativus ethicus, der zum Beispiel im *Bon usage* von M. Grevisse folgendermaßen beschrieben wird: „La langue familière emploie d'une manière explétive le pronom de la 1re ou de la 2e personne, pour exprimer l'intérêt que le locuteur prend à l'action ou pour solliciter l'interlocuteur de s'intéresser à l'action." (Grevisse 1986, § 647e). Dafür führt er u.a. folgendes Beispiel von A. Daudet an: „Et elle VOUS lui détacha un coup de sabot si terrible, si terrible, que de Pampérigouste même on en vit la fumée". Ähnlich findet sich dieser Dativ des Interesses in den rumänischen Ausdrücken *du-mi-te* ‚gehe (mir) weg!', *culcă-mi-te* ‚lege dich hin!', in einem italienischen Satz wie: „Non MI abbandonerai il tuo amico!" oder im spanischen Satz: „¡No me vengas con historias!" In bestimmten Kontexten kann die Bedeutung dieses Typs Dativ possessivisch interpretiert werden und durch ein Possessivadjektiv ausgetauscht werden, wie z.B. sp. *se me han ido de casa* (= mi casa), *se le ha averiado el coche* (= su coche) (cf. Butt/Benjamin 1994, §11.11). Neben dem Dativus ethicus besteht auch der Dativus sympatheticus, der das Lebewesen angibt, das von der/dem durch das Verb ausgedrückten Handlung oder Prozess betroffen ist: *elephanto praefragisti brachium*, sp. *le hirió la mano, le cortó el pelo* (Bassols 1973, § 96; cf. auch: „Tum se M. Valerius tribunus militum obtulit: et cum processisset armatus, corvus ei supra dextrum brachium sedit." (Eutropius, *Breviarium historiae romanae*, II,3)). Auch in diesem Fall kann der Dativ possessivisch reinterpretiert werden. Eine dritte semantische Spielart des Dativs ist der Dativ von Interesse (*dativus commodi/incommodi, dativus benefactivus/malefactivus*, it. *dativo di vantaggio o svantaggio*, sp. *dativo de interés*), der die Person angibt, zu deren Gunsten oder Ungunsten etwas getan wird oder geschieht (z.B. rum. *Să-mi afli ce scrisoare e aia* (Caragiale), *a intrat și și-a luat un caiet, lucrurile stau așa cum ți-ai dorit*; sp. *¡Ábreme la puerta!, le surgió un problema*; pg. *acendeu-me a luz do motor*). Der Nutznießer, der Begünstigte oder der Geschädigte kann aber zugleich als Besitzer betrachtet werden (cf. rum. *îmi mor vitele de foame, un hoț i-a furat stiloul, i s-a demolat casa, Mariei i-au amânat plecarea cu încă două zile*; it. *mi hanno rubato la macchina*; sp. *se me perdió el libro*). Daher kann das dativische Klitikum in begrenztem Ausmaß mit einem Possessivadjektiv alternieren oder es können sogar beide zugleich verwendet werden:

it. „qualcuno ha rubato la mia macchina" (Internet 2015)
it. „mi hanno rubato la mia kavasaki" (Internet 2015)
sp. „Soñar que le roban el coche" (Internet 2015)
sp. „Algo así le ocurrió a David Beckham, cuando robaron su coche" (Internet 2015)
sp. „le rubaron su coche" (Internet 2012)

Die possessive Verwendung der unbetonten Personalpronomina im Dativ kommt in allen romanischen Sprachen vor (cf. Serianni 1988, §VII.40.; Grevisse 1986, §647c); NGLE 18.7g und 35.7f; Gärtner 1998, A.967). Das Pronomen, das den ‚Besitzenden' (Possessor) angibt, erscheint als Klitikum bei Verb. Das ‚Besessene' (Possessum) bezieht sich semantisch tendenziell auf Körperteile, physische oder geistige Eigenschaften oder Kleidungsstücke von Lebewesen, ist unveräußerlich – daher die Bezeichnungen *Unveräußerlichkeit*, it. *appartenenza somatologica*, fr. *possession inaliénable*, sp. *posesión inalienable* für dieses Phänomen –, morphosyntaktisch erscheint es als Substantiv in Funktion eines Subjekts und eines Direktes Objekts, seltener als nominales Prädikat, als Indirektes Objekt oder als präpositionale Ergänzung:

Italienisch

la voce gli trema (häufig im Internet)
soffiatevi il naso (Serianni 1988, §VII.40.)
grattarsi la testa (Serianni 1988, §VII.40.)
non ti mangiare le unghie (Serianni 1988, §VII.40.)
asciugarsi le lagrime (Serianni 1988, §VII.40.)
mi metterò gli occhiali (Serianni 1988, §VII.40.)
„nell'ardore che le bruciava le vene" (Serao)
„ma lo stesso sorriso un po' fatuo gli restò sulle labbra, mentre guardava allontanarsi la ballerina" (Serao)
„Il Robortello mi fu maestro" (G. Tiraboschi)
„Quel tranviere mi fu compagno" (Internet 2009)
„Chi più deve bramarlo e caro verlo/Di me che le son padre?" (Titiro bezüglich Amarillide; Battista Guarini, *Il pastor fido*, I, 4)

Französisch

„Le cœur lui battait" (Boylesve; Grevisse 1986, §647c))
„Le chien lui est mort" („façon de parler très courante dans le Midi", Grevisse 1986, §647c))
„il vous tranche la tête" (La Fontaine)
„Je me mets le chapeau" („façon de parler très courante dans le Midi", Grevisse 1986, §647c))
„Je vous attire l'attention que nous ne sommes pas en vacances" (Ionesco; „Quand le nom ne désigne pas une partie du corps, l'emploi du pronom personnel n'appartient pas au français correct", Grevisse 1986, §647c))
„Frédéric sentit quelqu'un lui toucher à l'épaule" (Flaubert; Grevisse 1986, §647c))
„Il m'a tapé sur la tête" (Internet 2013)

Spanisch

se te nubló la vista/se nubló tu vista (NGLE 35.7f)
me torcí el tobillo/se me torció el tobillo/se torció mi tobillo (NGLE 35.7f)
„Hay algunos clientes que vienen desde hace años y me buscan a mí para que los atienda porque ya les conozco las mañas" (Internet 2014)
„¿Crees a Fernando capaz de llevar una vida extraña, ajena a la vida normal que todos le conocen?" (Jardiel Poncela)
le destrozaron el auto/destrozaron su auto (NGLE 35.7f)
me arruinaron las vacaciones/arruinaron mis vacaciones (NGLE 35.7f)
se miró la mano/miró su mano (NGLE 18.7g)

Portugiesisch

„não se lhe escureceram os olhos, nem perdeu ele o seu vigor" (5. Moses 34,7; Internet)
„os homens é que merecem/que se lhes cante a virtude" (Miguel Torga)
„não havia na terra quem quisesse baptizar-lhe uma menina" (Leite de Vasconcellos, *Contos populares e lendas*)
„escondeu-lhe o fato" (Leite de Vasconcellos, *Contos populares e lendas*)

„Simula uma crise de epilepsia, estrangula o carcereiro, veste-lhe a farda, mata dois guardas e foge." (Diário de Notícias, 12.8.2012)
„Quem não quer ser lobo não lhe veste a pele" (Público 6.7.2014)
Roubaram-me o livro/Roubaram o meu livro
Escutei-lhe os conselhos/Escutei os seus conselhos
„não lhe conhecemos o nome" (häufig im Internet)
„os olhos azuis (...) davam-lhe à fisionimia uma grande expressão de bondade" (Dostoiévski 2014, Internet)
„foi lá e acertou-lhe uma cusparada na cara" (Internet 2015)
„tomaram o caniço e davam-lhe con ele na cabeça" (Matthäus 27, 30; Internet)

In den westromanischen Sprachen ist jedoch der latente Gebrauch des dativischen Personalpronomens zur Angabe des Besitzenden mehr oder weniger eingeschränkt. Er kann nur verbal klitisiert werden. Das Nomen, das das Besessene ausdrückt, erhält in der Regel den bestimmten Artikel. Dabei kann anstelle des Klitikums ein Possessivadjektiv stehen (cf. die spanischen Beispiele), obwohl das Klitikum bei Unveräußerlichkeit tendenziell vorherrscht. Der Gebrauch kann aber auch schwanken, wie folgende Beispiel aus Matthäus 27, 30 zeigen:

„Et lui crachant au visage, ils prenoient le roseau qu'il tenoit, & lui en frappoient la tête." (1787; http://babel.hathitrust.org/cgi/pt?id=ucm. 5323771621;view=1up;seq=758)

„Et ils crachaient contre lui, prenaient le roseau, et frappaient sur sa tête." (2015; http://www.info-bible.org/lsg/40.Matthieu.html)

Beim Possessum herrscht referentiell die Unveräußerlichkeit vor. Da das Possessum in der Regel kontextuell bestimmt ist, kann auf den Gebrauch des Klitikums oder des Possessivadjektivs verzichtet werden (cf. it. *Risparmia la voce!* ‚Schon deine Stimme!', Reumuth/Winkelmann, *Praktische Grammatik der italienischen Sprache*, §58.4.; sp. *cerró los ojos y se puso a meditar* ‚er schloss seine/die Augen und fing an zu meditieren', *pasar las vacaciones en Italia* ‚seine/die Ferien in Italien verbringen', Reumuth/Winkelmann *Praktische Grammatik der spanischen Sprache*, §48; ferner NGLE 18.7d, e, f). Syntaktisch wird das Nomen des Possessum als Subjekt und vor allem als Direktes Objekt, selten als präpositionale Ergänzung kodiert. Als nominales Prädikat kann es mit Klitikum nur im Italienischen verwendet werden (cf. it. *Ovidio mi fu maestro*, fr. *Ovide fut mon maître*, sp. *Ovidio fue mi maestro*, pg. *Ovídio foi o meu mestre*). Am restringiertesten scheint der Gebrauch im Französischen zu sein, wo bei Veräußerlichkeit das Possessivadjektiv stehen muss: *on m'a volé mon sac*. Folgende portugiesische Beispiele zeigen, dass es semantisch schwierig ist zu entscheiden, ob das Personalpronomen echt possessivisch ist oder noch ein mit ihm kommutierbares Indirektes Objekt in Funktion eines Dativs des Interesses ist:

O médico tomou-lhe o pulso
O vaso partiu-se-me
„O tio apercebe-se da sua inteligência e patrocina-lhe os estudos liceais, em Leopoldina" (O Tempo da Língua)
„Os dois professores que analisaram o currículo de Miguel Relvas (...) elogiam-lhe o percurso até ali" (Público 10/8/2012)

Im Gegensatz zu den westromanischen Sprachen ist das klitische Dativpersonalpronomen in possessivischer Funktion im Rumänischen stark entfaltet (Sandfeld/Olsen 1936, §98–102 und 1962, §89; Guillermou 1953, §54–55; Avram 1997, §104; Pană Dindelegan 2013, §3.4.4.: „The possessive dative is a widespreasd construction in Romanian, very frequently used in all the registers of the language to express a relationship of possession."). Dabei stützt es sich vor allem auf ein Verb, aber es kann sich auch auf ein Nomen oder eine Präposition stützen.

Wenn das klitisierende Element das Verb eines verbalen Prädikats ist, erscheint das Possessum als Nomen mit folgenden syntaktischen Funktionen und semantischen Referenzen:
Subjekt/Nahestehende Personen:
Elevii mi s-au comportat bine în concurs
I-au plecat prietenii
Copilele ți s-au culcat ‚deine Töchter sind schlafen gegangen'
„parcă mi-a murit un frate" (Brătescu-Voinești)
„părinții mei demult odihnesc în pământ și bărbatul mi-a murit" (Hodoș)
„și în 1927 i se naște primul copil" (V. Bârna)

Subjekt/Körperteil:
Lui Ion îi tremură genunchii
„Gurița nu-ți tace" (Teodorescu)

Subjekt/Physische oder geistige Eigenschaft:
„Leiba simți că i se sting puterile" (Caragiale: ‚Leiba sentit que ses forces s'éteignaient')
„și îmi apăruse numele în paginile Vieții literare a lui I. Valerian" (V. Bârna)

Subjekt/Kleidung:
Mi s-au rupt ochelarii

Subjekt/veräußerlicher Gegenstand:
Îmi mor vitele de foame
Nu-i merge motorul
Merg ei până ce le intră calea în codru
„Volumul de debut i-a apărut în anul 1927" (V. Bârna)

Direktes Objekt/Nahestehende Person:
fata își iubea surorile
„Bărbatul meu alerga toată dimineața prin spitale, își revedea profesorii și camarazii" (Sabina Cantacuzino)

Direktes Objekt/Körperteil:
mi-am rupt piciorul
mi-am rupt o unghie
artista și-a tuns părul lung
tacă-ți gura/fleanca (= taci din gura) , halte deinen Mund'
„Îi văzusem în apă trupul curat și frumos rotunjit" (Mihail Sadoveanu; Subjekt und Besitzer verschieden)

Direktes Objekt/Physische oder geistige Eigenschaft:
îi apreciez eforturile
Exprimați-vă părerea!
Ioan își pune toate speranțele în stat
Toți criticii i-au admirat interpretarea creatoare a acestui rol (Direktes Objekt mit weiterer Spezifizierung)

„Pe atunci, fruntașii bulgari, mai toți crescuți în școlile noastre, vorbindu-ne limba, păstrau o adâncă recunoștință tatei" (Sabina Cantacuzino)
„Îmi cunoștea el năravurile" (Mihail Sadoveanu)
„nimeni nu-i cunoștea tinerețea" (Sadoveanu)
„Omul nu-și schimbă destinul." (Sabina Cantacuzino)
„Combate-i ideile, dar nu uita că mi-este frate." (Sabina Cantacuzino)
Mi-am sacrificat cariera intereselor partidului./Am sacrificat intereselor partidului cariera mea

Direktes Objekt/Kleidung:
Mi-am luat pălăria și am plecat
Și-a lăsat pardesiul la mine
mi-am găsit mănușile
Să-ți iei totuși umbrela

Direktes Objekt/veräußerlicher Gegenstand:
mi-am vândut casa ‚ich habe mein Haus verkauft'
mi-a pierdut cartea
vecinul meu și-a zidit casa ‚mon voisin bâti sa maison'
Ciobanul și-a pierdut oile
Ți-am citit cartea (ta)
Ți-am văzut cartea la expoziție
Văzându-ți cartea în librării, am cumpărat-o
Dementsprechend kann es auch als Subjekt von passivierten Sätzen erscheinen:
„Stînile i-au fost bine rînduite" (Mihail Sadoveanu)
„voiam să nu-mi fie rupte membranele" (Internet 2015)

Indirektes Objekt/Physische oder geistige Eigenschaft, Körperteil:
„Nu ți-e rușine obrazului?" (Slavici)
„nu-și poate da drumul supărării" (Brătescu-Voinești)

Präpositionales Satzglied/Körperteil:
Îmi curge sânge din nas
Și-a pus o compresă la picior
„când obraznica zburătoare i se așeza pe fața" (V. Bârna)

Wenn das klitisierende Element die Kopula eines nominalen Prädikats ist, erscheint das Possessum als Nomen mit folgenden syntaktischen Funktionen:

Subjekt:
Care-ți-e numele?
Mi-e viața în primejdie
„Tot spui cît neamul îți e strălucitor" (Bolintineanu)
„Spune Ursului că i-i urîtă casa, dar că i-i femeia frumoasă, nu-i spune" (Mihail Sadoveanu; ‚Sage dem Ursu, dass seine Wohnung häßlich ist, dass aber seine Frau hübsch ist, das sage ihm nicht')
„Gâtul îi era plin de hurmuzuri" (Mihail Sadoveanu)
„fără a-mi reaminti cât de grele ne erau tâlpile și moi picioarele pe când ne urcam în deal la lecție" (Sabina Cantacuzino)

Prädikatsnomen/Nahestehende Person:
Ion mi-e prieten
„Combate-i ideile, dar nu uita că mi-este frate." (Sabina Cantacuzino)
„Simt că statul mi-e dușman" (Internet 2010)

Wie aus den vorangehenden Beispielen ersichtlich ist, ist der Gebrauch des possessiven Dativpersonalpronomens, das verbal klitisiert wird, sehr beliebt. Der Possessor wird pronominal, das Possessum nominal ausgedrückt. Das Possessum kann sowohl unveräußerlich als auch veräußerlich sein. In der Regel ist das Nomen des Possessum bestimmt und erscheint vor allem als Subjekt bei intransitiven Verben und als Direktes Objekt bei transitiven Verben. Als präpositionale Ergänzung kann es nur erscheinen, wenn es unveräußerlich ist, sonst wäre das Pronomen vermutlich reflexiv aufzufassen, aber nicht interpretierbar (daher: *ciobanul a plecat cu oile sale/lui*, aber **ciobanul și-a plecat cu oile*). Als Indirektes Objekt wird es heute nur noch in festen Redewendungen verwendet (*a nu-și crede ochilor/urechilor*). Beim Direkten Objekt können Subjekt und Personalpronomen referentiell verschieden sein. Beliebt ist auch der Gebrauch des possessivischen Klitikums im nominalen Prädikat sowohl als Subjekt als auch als Prädikatsnomen, was in den westromanischen Sprachen kaum möglich bzw. unmöglich ist.

Auch im Rumänischen ist es nicht immer leicht, beim Gebrauch des dativischen Klitikums die genaue semantische Nuance festzustellen. In einem Satz wie *să-ți iei totuși umbrela!* kann das Klitikum sowohl als dativus commodi, also als Indirektes Objekt („für dich') als auch als Possessivum („dein') interpretiert werden. Tendenzmäßig verweist der unbestimmte Artikel auf einen Benefaktiven Dativ (*mi-a adus un stilou* = ‚mie mi-a adus'; ähnlich: *a intrat și și-a luat un caiet*, mit *și* als Angabe des Nutznießers), der bestimmte Artikel auf ein Possessivum (*mi-a adus stiloul* = ‚stiloul meu'; ähnlich: *a intrat și și-a luat caietul*, mit *și* als Angabe des Possessor). Meistens ist es allerdings nicht mehr mit einem nominalen Indirekten Objekt kommutierbar, sondern nur noch mit einem Possessivadjektiv, was auch den besonderen morphosyntaktischen Status des Klitikums ausmacht. Dieser besondere Status ist den westromanischen Sprachen unbekannt (cf. rum *și-a amânat plecarea pe mâine*, aber fr.*il a remis son départ à demain* vs. **il s'est remis le départ à demain*). Funktional bilden das possessive dativische klitische Personalpronomen und die Possessivadjektive ein Paar für einen pragmatischen Kontrast, wie es schon Tagliavini erkannte hatte:

„Anstatt eines besitzanzeigenden Fürwortes gebraucht man sehr oft im Rumänischen den Dativ des entsprechenden persönlichen Fürwortes, besonders wenn man den Besitz nicht hervorheben will, z. B. *mi-am vândut casa* ‚ich habe mein Haus verkauft' (aber *am vândut casa mea* ‚ich habe mein (und nicht jenes von einem anderen!) Haus verkauft'); *din parte-mi* meinerseits; *spune Ursului că i-i urîtă casa, dar că i-i femeia frumoasă, nu-i spune* (Sadoveanu) ‚sage dem Ursu, daß seine Wohnung häßlich ist, daß aber seine Frau hübsch ist, das sage ihm nicht'" (Tagliavini 1938, 186).

So auch *am văzut cartea ta la expoziție* (d.h. ‚cartea ta, nu cartea lui') vs. nicht markierte Fassung *ți-am văzut cartea la expoziție*. Bei besonderer Emphase können beide Elemente auftreten:

Iubește-ți neamul tău mais presus de orice
Și-a amânat plecarea lui cu două zile

Im Rumänischen konnte bzw. kann sich das possessivische Klitikum in den drei Personen des Singulars auch auf ein Nomen (Substantiv oder Adjektiv) stützen. Dabei wird das Nomen im Femininum artikuliert, im Maskulinum und im Plural bleibt es unartikuliert, die Possession kann unveräußerlich oder veräußerlich sein:

ochi-ţi sunt negri ‚deine Augen sind schwarz'
n-am uitat ţara-mi frumoasă ‚ich habe mein schönes Land nicht vergessen'
am cumpărat din librării cartea-ţi interesantă
am cumpărat din librării interesantă-ţi cartea
bătrânul se aşează la locu-i obişnuit ‚der Alte setzt sich an seinen gewohnten Platz'
a venit cu marfa-i
a fost prins în fuga-i ruşinoasă
în casa-i
în frumoasa-i casă
la locu-i de muncă
„Mintea-i nepriponită pribegeà pe aiúrea" ‚sein ungefesselter Sinn wanderte anderswohin' (Weigand 1918, 77)

Heute gilt die nominale Klitisierung als veraltet und wird nur noch poetisch verwendet (Avram 1997, §104; Iliescu/Popovici 2013, §5.2.5.1.; cf. „în singurătate-mi" (Eminescu), „câmpia cea verde din ţara-mi străbună" (Internet 2005)), sonst wird das Possessivadjektiv verwendet (*ochi-ţi* > *ochii tăi*). Das Gleiche gilt für die Klitisierung von Präpositionen, die den Genitiv regieren (*asupra-i, în juru-i*).

10 Der homogenisierende Vektor

Betrachtet man manche paradigmatische und syntagmatische Muster, kann man feststellen dass ihre Realisierungen innerhalb eines Musters nicht unbedingt parallel sind. In flektierenden Sprachen besteht z. B. die Tendenz, die flektierten Wörter in eine kleine Anzahl von mehr oder weniger homogen aufgebauten Klassen oder Paradigmen zu gruppieren wie die lateinischen Deklinationstypen und Konjugationsklassen. Verschiedene Faktoren wie die phonetische Weiterentwicklung können aber bestehende Paradigmen „stören", so dass diese „unregelmäßig" werden. Dagegen kann wieder die Tendenz zu einer neuen Homogenisierung einsetzen. So ist das „unhomogene" altfranzösische Paradigma <aim/aimes/aime/amons/amez/aiment> zum „homogenen" neufranzösischen Paradigma <aime/aimes/aime/aimons/aimez/aiment> geworden (Kahl/Metzeltin 2015, II.6). Im Gegensatz zu den westromanischen Sprachen hat das Rumänische z. B. die Verdoppelung des Relativpronomens, die Präpositionalisierung des Infinitivs und die Parallelisierung von Protasis und Apodosis homogenisiert.

10.1 Pronominale Verdoppelung des Relativpronomens

Will man eine klärende Information zu einem Substantiv in Satzform hinzufügen, kann man einen erläuternden (explikativen, appositiven) Relativsatz bilden. Der konjunktionale Anschluss ist ein sogenanntes Relativwort, das eine rückweisende Demonstrativität impliziert.

Ein Satzgefüge wie „Casa pe care o vezi este a fratelui meu" entspricht den zwei einfachen Sätzen „Vezi o anumită casă" + „Aceastâ casă este a fratelui meu". Es ist daher natürlich, dass wir in verschiedenen romanischen Sprachen morphosyntaktisch intransparente oder transparente Relativpronomen finden, die mit Hilfe von explizitierenden Personalpronomen (sp. *pronombre reasuntivo*) oder Possessivadjektiven verdoppelt werden:

Italienisch

il signore che gli hanno rubato l'auto
un biglietto che c'era scritto qualcosa
„Manca ancora la deposizione di quella coppia che la signora è malata."
(Camilleri)
„Griffo si chiama quello che ci hanno ammazzato il patre e la matre."
(Camilleri)

Französisch

mon mari que je suis sans nouvelles de lui
la personne que je lui ai donné votre lettre

Spanisch

hay gente que le gusta vivir así
el padre, que su hijo trabaja en el campo
aquellos, que no se los había exigido
„un tipo como el Melecio, que lo conozco desde chico" (Jardiel Poncela)
„Tenemos un gobierno que no le interesa la gente, solo el capital de algunos" (Salvador Hoy 6/10/2000, NGLE 44.9k)"
„Parece que hay gente que le gusta más la televisión que impartir justicia (Tiempo [Col.] 31/10/1996, NGLE 44.9l)"
„Tenía una novia que a su padre le encantaba pescar" (NGLE 44.9o)
„Sólo quedaba el reino de Granada, al que le llegará su hora en 1492" (F. Javier Peña Pérez)
„(…) del protagonista, al que de manera espontánea se le puede considerar capacitado para la ejecución exitosa de las gestas pregonadas" (F. Javier Peña Pérez)
„una resonante victoria (…) a la que le sigue una política agresiva del de Vivar sobre la zona" (F. Javier Peña Pérez)
„(…) dijo Sharif, líder de la Liga Musulmana de Pakistán-N (PML-N), a quien la Comisión Electoral le ha prohibido presentar su candidatura" (El País 29-XII-2007)
„El autor de la consagrada *Los pilares de la Tierra*, al que nunca le ha dado vergüenza haberse hecho rico escribiendo *best sellers* casi siempre más apreciados por el público que por la crítica, acaba de publicar ahora (…) *Un mundo sin fin* (…)" (El País 29-XII-2007)
„Los investigadores seleccionaron a ratas de laboratorio, a las cuales se les produjo de manera artificial la falla ovárica prematura." (La Tercera, 16-IX-2010)
Der Anschluss kann allerdings auch ganz intransparent bleiben;
„la mujer esa que el marido trabaja en Correos" (NGLE 44.9r)

Diese Konstruktionen mit verdoppelten Pronomen, die schon im Latein präsent waren (*beatus vir cuius est nomen Domini spes eius*; *hominem quem ego beneficium ei feci*; Blaise 1955, §185; Bassols de Climent 1973, §234), gehören in den westromanischen Sprachen eher dem Substandard an (Voineag-Merlan, 1995–1996; Serianni VII 232 b); Gadet 1992, 93–98; NGLE §44.9). Im Rumänischen dagegen ist die pronominale Wiederaufnahme des Relativpronomens *care* in der Funktion eines Direkten und Indirekten Objekts grammatikalisiert worden:

rum. *femeia pe care o văd* vs. fr. *la femme que je vois*
rum. *fetele cărora le dau o carte* vs. fr. *les fillettes à qui je donne un livre*

Im älteren Rumänisch war die Wiederaufnahme fakultativ:

„Istoricii leșești pre carii au urmat răpăosatul Ureche vornicul" (M. Costin)
„această puțină trudă a noastră, care am făcut" (M. Costin)
„acesta letopiseț, care ți l-am scris noi" (M. Costin)

Mit dem Pronomen *ce* ist die Wiederaufnahme fakultativ (Sandfeld & Olsen 1936, § 95.3o):

„fără slugile lor, ce au ei pururea" (M. Costin)
„frumoșii roibi Pașa și Sultan ce am avut din prăsila lui" (Sabina Cantacuzino)
„Se va vorbi mult de viața lui publică și de faptele mari ce a îndeplinit spre întemeierea României ca stat" (Sabina Cantacuzino)
„Mi se duse tot curajul ce-l mai aveam" (Agârbiceanu)

10.2 Die Verallgemeinerung von <AD + Infinitiv>

Typisch romanisch ist u.a. der Gebrauch der Konstruktion < konjugiertes Verb der Bewegung oder einer Handlungsphase + Präposition + Infinitiv > (z.B. rum. *a venit pentru a ne vedea*, it. *comincia a piovere*, frz. *il a travaillé beaucoup pour passer les examens*, sp. *vino para verte*), die im Lateinischen anstelle eines genitivischen oder ablativischen Gerundivums erst im 4./5. Jahrhundert auftaucht (z.B. *dare ad manducare*). Sie dürfte ihren Ursprung in der finalen Bedeutung der Präposition *ad* und in der Kontamination mit Periphrasen des Typs *aggredior dicere* und *aggredior ad dicendum* haben (Ernout/Thomas 1953, §§45 y 280). In einigen Sprachen hat sie eine große Verbreitung gefunden wie im Italienischen (cf. Rohlfs 1969, §710). Aber nur im Rumänischen ist das Konstrukt derart verallgemeinert worden, dass die Präposition *a* zum obligatorischen Merkmal des verbalen Infinitivs geworden ist, während diese Funktion in den anderen romanischen Sprachen die Endungen des Typs -*r(e)* übernommen haben (cf. sp. *hacer* vs. rum. *a face*). Zwischen dem Marker *a* und dem Infinitiv können allerdings Pronomina oder Adverbien stehen (cf. „fără a i se muia ochii de lacrimi" (Sabina Cantacuzino); „De asemenea, oricât ar fi auzit vorbindu-se de studiile lor, niciodată tata, cu rezerva sa, n-ar fi acostat pe stradă pe Tache Ionescu sau pe Al. Djuvara pentru a-i atrage în partidul lui." (id.)).

10.3 Die Gestaltung des Konditionalgefüges

Der Konditional kann als metaphorisches Futur interpretiert werden, das die Folge einer dubitativen oder irrealen Bedingung ausdrückt. Er besteht im Allgemeinen aus der Verbindung eines Vergangenheitstempus (Perfekt oder Imperfekt) eines Auxiliars mit dem Infinitiv des semantischen Hauptverbs (cf. 6.). Die Herausbildung dieses Tempus/Modus modifiziert morphologisch die parallelistische Struktur des hypothetischen lateinischen Satzgefüges (*si hoc dices erres, si hoc dicere errares*), indem vor allem in der Apodosis anstelle des Konjunktivs der Konditional tritt. Allerdings besteht eine gewisse Tendenz, auch in den romanischen Sprachen den morphologischen Parallelismus in Apodosis und Protasis wiederherzustellen:

Rumänisch

„Dacă ai spune asta te ai înşela" (Konditional/Konditional); „De aveam bani, îţi dam" Indikativ Imperfekt/Indikativ Imperfekt

Italienisch

„Se tu dicessi questo, sbaglieresti" (Konjunktiv/Konditional); „Se fossimo arrivati prima lo trovavamo" (Konjunktiv Plusquamperfekt/Indikativ Imperfekt); „Se non glielo ricorderei io, non mangerebbe mai" (Konditional/Konditional; regional); „Se lo sapevo non ci venivo" (Indikativ Imperfekt/Indikativ Imperfekt; umgangssprachlich für „Se l'avessi saputo non sarei venuto")

Französisch

„Si tu disais cela, tu te tromperais" (Indikativ Imperfekt/Konditional); „Mais si j'abordais là, le flot brutal m'eût jeté contre la côte" (Indikativ Imperfekt/Konjunktiv Plusquamperfekt; Homère/Dufour-Raison); „Si cette situation durait, c'était la fin de ma carrière" (Indikativ Imperfekt/Indikativ Imperfekt); „Si je le sceusse, je ne le demandasse pas" (Konjunktiv Imperfekt/Konjunktiv Imperfekt; afr.)

Katalanisch

„Si fossis ric em casaria amb tu" (Konjunktiv/Konditional); „Si tenies fortuna em casaria amb tu" (Indikativ Imperfekt/Konditional)

Spanisch

„Si dijeras eso te equivocarías" (Konjunktiv/Konditional); „Si dirías eso te equivocarías" (Konditional/Konditional; regional); „Si tenía dinero compraba este coche" (Indikativ Imperfekt/Indikativ Imperfekt; umgangssprachlich für „Si lo hubiera sabido no habría venido"); „Si tuviera diera" (Konjunktiv/Konjunktiv; asp. und amerik. sp.); „Si tuviese diese" (Konjunktiv/Konjunktiv; altsp., aber auch heute noch: „Hubiese sido una sorpresa que el más veterano de los tres candidatos no hubiese conseguido el triunfo", *La Razón* 26-X-2009; „creo que si Michelle Bachelet hubiese estado en Chile también hubiese venido", El Mercurio, 26 de febrero de 2013)

Portugiesisch

„Se dissesses isso enganar-te-ias" (Konjunktiv/Konditional); „Se o sabia não vinha" (Indikativ Imperfekt/Indikativ Imperfekt; umgangssprachlich ‚wenn ich es gewußt hätte, wäre ich nicht gekommen'); „Se eu pudera, não ficara" (klassisch).

Die Sätze eines Diskurses können schneller erfasst werden, wenn sie einen gewissen Parallelismus aufweisen. Dies gilt insbesondere, wenn Satzgefüge aus korrelierenden Segmenten bestehen. Aus dieser Perspektive ist die Korrelierung der Modi und der Tempora im potentiellen und irrealen Konditionalgefüge in den westromanischen Standardsprachen (Protasis: Imperfekt Konjunktiv oder Indikativ; Apodosis: Konditional) unhomogener und weniger „ikonisch" als im Rumänischen, das sowohl für die Protasis als auch für die Apodosis beide Male entweder den Konditional oder den Indikativ Imperfekt verwendet. Der Parallelismus der Modi oder Tempora weist darauf hin, dass das Konditionalgefüge eine Einheit bildet.

11 Der evidenzierende Vektor

Vor allem in der mündlichen Kommunikation versuchen die Sender immer wieder die von ihnen intendierten Referenzen zu verdeutlichen. Als vornehmliche Mittel dazu stehen ihnen in den romanischen Sprachen die verschiedenen deiktischen Pronomina, Adjektive und Partikeln und bestimmte Präpositionen zu Verfügung. Vor allem im Gegensatz zum Französischen erfreut sich dabei das Rumänische einer großen Entfaltung der Deiktizität. Schon Niculescu 1978, 5, hatte auf den Reichtum an „structurile lingvistice orale, redundante și emfatice" hingewiesen.

11.1 Hypertrophe Deixis

Zur Klärung der außersprachlichen und der textuellen Referentialität dienen die gestische und die sprachliche Deixis, durch die der Sender dem Empfänger versucht zu verdeutlichen, worauf die gebrauchten Sprachzeichen zu beziehen sind. In den romanischen Sprachen haben sich für diese Deixis eine schwache und eine starke Form entwickelt: der bestimmte Artikel und die Demonstrativa. Der bestimmte Artikel gibt eher an, ob etwas schon ‚bekannt' (*das* Haus, das du kennst/das du siehst) oder allgemein (*die* Bären im Allgemeinen) zu verstehen ist, die Demonstrativa geben eher lokale und temporale Hinweise der Nähe und der Ferne an. Die Deixis kann mehr oder weniger stark evidenziert werden.

Im Mikrosystem der pränominalen Demonstrativadjektive haben die westromanischen Standardsprachen drei Termini (pg. *este, esse, aquele*; sp. *este, ese, aquel*), zwei (kat. *aquest, aquell,* eventuell auch *aqueix*; it. *questo, quello,* eventuell auch *codesto*) oder nur einen (fr. *ce,* eventuell *ce livre-ci, ce livre-là*), um die lokale oder temporale Distanz zum Sprecher anzugeben. Das Französische und vor allem das Italienische kennen je nach phonetischem Kontext eine gewisse morphologische Variation (fr. *ce livre, cet arbre*; it. *quel libro, quell'albero, quello scherzo*). Das Italienische weist auch Registervarianten auf (*sta bambina,* gesprochene Sprache; *codesto libro,* regional toskanisch und literarisch). Das Bild dieser Variationen wird aber komplexer, wenn wir den Gebrauch von Demonstrativa mit pronominalem Charakter vor Adjektiven, Präpositionalen Satzgliedern und Relativrpronomina in Betracht ziehen. Hier finden wir Formen, die mit dem bestimmten Artikel koinzidieren oder die aus historischer Sicht von neugebildeten zusammengesetzten Formen abstammen:

Portugiesisch

a língua portuguesa e a inglesa
as que quero são as negras
as luvas de pele e as de lã
Não gosto destas luvas; as/aquelas que vi ontem eram mais bonitas

Spanisch

la lengua española y la inglesa
una presión menor que la ordinaria
tu opinión y la del autor
prefiero mi libro al que tienes tú
una estación antes de aquella en que termina el recorrido

Französisch

la langue latine et la grecque
les personnes ignorantes, et surtout celles qui sont étrangères/celles étrangères
  à la philosophie
ton opinion et celle de l'auteur
je préfère mon livre à celui que tu as

Italienisch

di queste gonne, mi piace di più la/quella nera
di queste gonne, mi piace di più quella di seta
di queste gonne, mi piace di più quella che mi hai mostrato prima
ricordati di coloro che ti hanno fatto del bene

Da die Deixis eine große Rolle für das gute, klärende Funktionieren der Kommunikation vor allem im mündlichen Diskurs spielt, sind ihre morphologischen Ausdrucksformen und ihre pragmasemantischen Funktionen einer großen Abnutzung ausgesetzt, die immer wieder dazu führt, dass einerseits Formen reduziert werden und verblassen, andererseits neue Formen aufgebaut und pragmatische Funktionen neu bestimmt werden. So ist die starke lateinische Form ILLUM schon im Altfranzösischen zur schwachen Artikelform *le* geworden, für die stärkere Deixis sind die Zusammensetzungen ECCE + ILLUM > afr. *cel* und ECCE + ISTUM > afr. *cest* aufgebaut worden, die Abschwächung dieser Formen (nfr. *ce livre*) hat zum verdeutlichenden Konstrukt nfr. *ce livre-là* < ECCE + ISTUM...ILLAC) geführt. Daher koexistieren in allen romanischen Sprachen meherere Formen der Deixis. In Sprachen, in denen die – künstlich-normierenden Tendenzen stark ausgeprägt sind, wird versucht werden, die Koexistenz von konservativen und innovativen Formen und die pragmatischen Nuancen und die neuen Kombinationen zu beschränken. Wegen der großen Rolle der Deixis in der Kommunikation ist es natürlicher, dass diese stark evidenziert wird, wie das spät standardisierte und variationsfreudigere Rumänische im Gegensatz zu den westromanischen Sprachen im System der Demonstrativität zeigt:

acești oameni/oamenii aceștia (übliche Deixis der Nähe, pränominal nicht verstäkt oder postnominal mit Demonstrativpartikel *-a* verstärkt) vs. it. *questi uomini*

ăști oameni/oamenii ăștia (Deixis der Nähe, pränominal nicht verstärkt oder postnominal mit Demonstrativpartikel *-a* verstäkt, Umgangssprache) vs. it. *questi uomini*

acel roman/romanul acela (übliche Deixis der Ferne, pränominal nicht verstäkt oder postnominal mit Demonstrativpartikel *-a* verstäkt) vs. it. *quel romanzo*
romanul ăla (Deixis der Ferne, postnominal mit Demonstrativpartikel *-a* verstärkt, Umgangssprache) vs. it. *quel romanzo*

cel sarac (Deixis zur Substantivierung eines Adjektivs) vs. it. *il povero*
„Înțelepciunea face diferența dintre cei proști și cei inteligenți" (Quesemand)
„monumentele noi care, prin el, au înlocuit pe cele vechi." (Sabina Cantacuzino)

Ștefan cel Mare (Deixis für ein spezifizierendes Adjektiv nach dem Eigennamen einer bekannten Persönlichkeit) vs. it. *Lorenzo il Magnifico*, sp. *Alfonso el Sabio*)

omul cel mincinos (Deixis zur Hervorhebung der von einem postponierten Adjektiv ausgedrückten Eigenschaft) vs. it. *l'uomo bugiardo*
„încredințat că timpul ar fi acela favorabil a se vindeca" (Asachi)
„Iar Ancuța cea tânără și-a înălțat sprâcenele zâmbind" (im Gegensatz zur älteren Ancuța; Mihail Sadoveanu)
„Ocoleai și ajungeai în față, la casa cea mare." (Sabina Cantacuzino)
Diese Deixis war in den älteren Phasen der westromanischen Sprachen ebenfalls gebräuchlich:
„s'amie la gente" ,seine anmutige Freundin' (Chrétien de Troyes, Perceval, 2935)
„somos de Castiella la noble et la loçana uenidos a este lugar" (Afonso X el Sabio, PCG, 855)
Im Altrumänischen konnte das Adjektiv sogar ein zweites Mal ‚artikuliert' werden: *omu-l cela rău-l* (Hasdeu 1879, 440).

omul cel/ăl cu barba albă (Deixis zur Hervorhebung einer von einer postnominalen präpositionalen Ergänzung ausgedrückten Eigenschaft) vs. it. *l'uomo dalla barba bianca*

muntele cel mai înalt (Deixis zur Angabe eines relativen Superlativs) vs. it. *la montagna più alta/la più alta montagna*
„Măgarul, cel mai prost dintre toate animalele." (Quesemand)

cele trei fragmente (starke Deixis vor Kardinalzahlen, weil diese den postponierten Artikel nicht nehmen können) vs. it. *i tre frammenti*

partea a doua/(dreifache Deixis (Artikel-*a*, Demonstrativpronomen *a*, demonstratives Adverb *-a*) mit postnominalen Ordinalzahlen) vs. it. *la seconda parte*

cel de-al doilea război mundial/cea de a treia propoziție/(dreifache Deixis (*cel al -a*) mit pränominalen Ordinalzahlen) vs. it. *la seconda guerra mondiale*

cei care vin (kataphorische Deixis vor einem Relativpronomen) vs. it. *quelli/coloro che vengono*

o scrisoare a poetului/copilul meu și al vecinului (d.h.: ‚o scrisoare, cea a poetului'; auf ein Nomen rückverweisende Deixis in Form des sogenannten Possesiv- oder Genitivartikels vor einem Genitivattribut, wenn der Genitivattribut nicht unmittelbar einem postponierten Artikel folgt) vs. it. *la lettera del poeta/il mio bambino e quello del vicino*

Poetisch kann der Genitivattribut auch vor dem Nomen stehen: *ale fraților păsări*.

Der Genitivartikel wird auch für Genitivattribute verwendet, die von einem Demonstrativpronomen abhängen:

„aceste ape, fiind amestecate cu acele ale Mărei Negre, ale Dunărei și ale rîurilor Carpatului" (Asachi)
„Templul lui Marte este mai frumos decât cel al lui Venus" (Quesemand)
„o conjugare care împrumută elemente de la cea a verbului facio" (Quesemand)

Die deiktische Freudigkeit der Rumänen geht so weit, dass ein Pronomen wie *celălalt* ‚der andere' dreifach indexiert worden ist (<ECCE + ILLUM + ILLUM + ALTER), dass ein Indefinitum wie ‚ein anderer' den bestimmten Artikel erhält (*un altul*) und dass sogar Präpositionen den bestimmten Artikel bekommen können:

„ne duserăm cu toții în susul apei" (Asachi)
„dedesubtul Brăncinelui" (Galaction)

Abgesehen von der großen Variabilität der Formen fallen in vielen Konstrukten die Redundanz der Demonstrativität auf (*omul acesta*: Artikel *-l* + Demonstrativadjektiv *acest* + demonstratives Adverb *-a* < ILLAC; *cel de-al doilea război mundial*: Demonstrativadjektiv *cel* + die Kontiguität von zwei Demonstrativa trennendes *de* + Demonstrativadjektiv *al* + Zahlwort *doi* + Artikel *-le* + demonstratives Adverb *-a*) und die variable Stellung hinter oder vor dem Nomen auf. Dass ein solcher Reichtum und eine solche Expressivität natürlich ist, haben schon Clara und William Stern bei der sprachlichen Entwicklung des Kindes beobachtet: „Jedenfalls ergreift das deutsche Kind dies so plastisch bezeichnende Wort (sc. da) mit großer Bereitschaft, benutzt es als Lautgebärde und drückt alles, was ihm erstrebenswert scheint, was es konstatiert, was es an deren zeigen will, mit dada, dais, das, dat, oder ähnlich aus." (Stern 1928, 366). Die hypertrophe Deiktizität ist ein das Rumänische charakterisierendes Merkmal. Dabei scheint das Rumänische den normalen Dynamismus der Entfaltung der Demonstrativität in der Mündlichkeit darzustellen, während das Französische zeigt, wie sie auf ein Minimum reduziert werden kann.

11.2 Die Markierung des Direkten Objekts

Geschehnisse kann man als Handlungen, Prozesse oder Zustände wahrnehmen. Abgesehen von Naturkräften gehen Handlungen üblicherweise von Lebewesen aus und wirken auf andere Lebewesen oder (unbelebte) Gegenstände ein. Bei Handlungen kann man also mindestens einen Handelnden und einen Behandelten ausmachen. Dies führt zu einer gedanklichen Grundstruktur <Handelnder + Handlung + Behandelter> oder semantischer <Agens + Prädikat + Patiens>. In vielen Sprachen dürfte diese Vorstellungsstruktur zur transitiven syntaktischen Oberflächenstruktur <Subjekt + Prädikat + Direktes Objekt> mit dem Prädikat als aktive Verbform führen. Handelnde und Behandelte bzw. die Satzglieder Subjekt und Direktes Objekt können auch als Mitspieler insofern bezeichnet werden, als sie bei der Handlung bzw. beim Prädikat mitspielen. Werden nun in einer konkreten Sprache das Subjekt und das Direkte Objekt mit derselben Wortklasse (Substantive und ihre Substitute, v.a. Pronomina) ausgedrückt, stellt sich das Problem, wie diese beiden Satzfunktionen differenziert werden können.

Die Differenzierung dürfte unproblematisch sein, wenn die Semantik des Prädikats aufgrund des enzyklopädischen Wissens den Handelnden und Behandelten deutlich erkennen lässt, wie in den Kombinationen <Student – Buch – kaufen> und <Wespe – Finger – stechen>. Vom allgemeinen Erfahrungshorizont schon weniger eindeutig sind Kombinationen wie <Papagei – Kind – rufen> und <Professor – Student – anschreiben> bzw. <Kind – Papagei – rufen> und <Student – Professor – anschreiben>. Um Handelnde und Behandelte, insbesondere wenn beide eine bestimmte Person darstellen, an der Sprachoberfläche deutlich zu unterscheiden, können die Sprecher folgende morphologische und/oder syntaktische Mittel entwickeln:

- Eine bestimmte Ordnung der Satzglieder (z.B. <Position 1: Handelnder als Subjekt + Position 2: Behandelter als Direktes Objekt>), wobei das Prädikat tendenziell beide Satzglieder trennt (fr. *Pierre invite Marie*).
- Handelnde und Behandelte werden durch Kasusmarkierungen unterschieden (z.B. Handelnder als Subjekt im Nominativ und Behandelter als Direktes Objekt im Akkusativ: lat. *Petrus Mariam invitat*; Handelnder im Nominativ und Behandelter im Dativ: dt. *jemand hilft/schadet jemandem*).
- Behandelte werden als präpositionelle Objekte markiert (z.B. it. „A me i grandi gesti romantici non hanno mai convinto" (Internet 2012), sp. *Pedro invita a María*).
- Behandelte werden als Direkte Objekte durch Klitika wieder aufgenommen (it. „Il paese lo conosci meglio di me" (Sciascia)).
- Behandelte werden als Direkte Objekte präpositional markiert und durch Klitika vorweggenommen oder wiederaufgenommen (z.B. rum. *Îl întreb pe Ion*, sp. *le he visto a tu padre*; it. *a me nessuno mi protegge*).

Diese Merkmale können in jeder Sprache eigene Ausformungen aufweisen, z.B. können sie wie in den letzten Beispielen kombiniert werden (Klitisierung des Direkten Objekts + Präpositionale Markierung: rum. *Petru o invită pe Maria*). Die Setzung der Präposition kann vom Bestimmtheitsgrad des Direkten Objektes ausgelöst werden, z.B. rum. *îl caut pe informatican* ‚ich suche den (bestimmten) Informatiker' vs. *caut un informatican* ‚ich suche (irgend)einen Informatiker'. Für Pronomina können besondere Regeln gelten. Bei Kasusmarkierung ist eine relativ freie Stellung der Satzglieder möglich (z.B. ngr. *Ανοίγει την πόρτα η Κρινούλα* vs. *Η Κρινούλα ανοίγει την πόρτα* ‚Krinula öffnet die Tür'). Die Klitika können obligatorisch oder fakultativ sein (sp. *A Pedro le veo* vs. *[Le] veo a Pedro*). Wahrnehmungen (sehen, hören) werden syntaktisch meist als Handlungen kodiert.

Mit Ausnahme des Französischen kommt die Markierung des Direkten nominalen und pronominalen Objekts durch eine Präposition (persönlicher Akkusativ, Differentielle Objektmarkierung) in allen romanischen Sprachen vor (Thomson 1912, 72–74; Niculescu 1965, 77–98; Pensado 1995), allerdings hängt sie je nach Sprache stark von der Diachronie, der Diatopie, des Registers ab (Raposo 2013, §28.1.3.1.1. Metzeltin 2009, §32; Wheeler/Yates/Dols 1999, §14.1.1.1. und 25.3.; Ronjat 1930–1941, §777; Hourcade 1986, 129–131; Gandolfi 2014, 181–199; Arquint 1981, 22; Rohlfs §632; Pană Dindelegan 2013, §3.2.1.). Die Wahrscheinlichkeit der Setzung der Präposition weist tendenziell folgende Skala auf: Personalpronomen > anderes Pronomen, das auf Personen hinweist > Eigennamen von Personen (eventuell Eigennamen von Orten) > definierte Substantive, die Personen angeben > quantifiziertes Substantiv, das Personen angibt. Die westromanischen Sprachen haben als Marker die Präposition <AD>, das Rumänische die Präposition <PER> entwickelt:

Portugiesisch

> *aquela opinião escandalizou a todos*
> *não vi (a) ninguém*
> „Então salvou-nos às duas." (João Paulo de Oliveira e Costa, *O cavaleiro de Olivença*)
> „eu vou ajudar-te a ti, e a ela." (João Paulo de Oliveira e Costa, *O cavaleiro de Olivença*)
> „Até apresentam projectos, até os aprovam na generalidade, mas para se protegerem a si próprios e aos amigos" (DN 22.7.2010)

„O instinto (...) dos homens é protegerem-se uns aos outros" (DN 5/7/2014)

Katalanisch

He vist a tothom
„Als funcionaris no els satisfà la proposta de la jornada intensiva." (Wheeler/Yates/Dols)
„que no-ns podien aturar en Montso, a nos ni al comte de Proença" (Jaume I, *Crònica*)
„la devantera no veia a la rereguarda e la rereguarda la devantera"(Jaume I, *Crònica*)

Okzitanisch

„Le couneissèts al Jacou?" ‚Connaissez-vous J.?' (Ronjat 1930–1941, §777)
„Qu'avem trobat a Jaques hens la palomèra" (Hourcade 1986)
„Qu'èi vist a toa mair au marcat" (Hourcade 1986)
Die präpositionale Markierung kommt auch bei französischen Autoren vor, die aus dem okzitanischen Gebiet stammen, wie Montaigne aus dem Périgord:
„A d'autres, voire aux femmes, on les escorche vifves" (*Essais*, I, xxx)

Sardisch

Pronomen: „jeo a mie m'hanno mandato a iscola"/Ich, mich haben sie in die Schule geschickt p. (Gandolfi 2014, 191)
Eigenname: „poi ti lu faco intendere a Gavino"/Nachher kannst du Gavino anhören (Gandolfi 2014, 191)

Engadinisch

„Trametta ad Andrea pel lat." ‚Schicke Andrea die Milch holen.' (Arquint 1981, 22)
„Cloma al bap da Jonin." ‚Rufe den Vater Jonins.' (id.)
„Annina salüda a l'ami da Tumasch." ‚Annina grüsst den Freund Tumasch.' (id.)

Italienisch

a me nessuno mi protegge (Umgangssprache)
„Hanno ammazzato a uno." (Camilleri)
„non trovavamo più a Catarella" (Camilleri)
„Senti, Artù, tu a quel picciotto che hanno sparato, lo conoscevi? " (Camilleri)
„quando si pedina a una persona, la regola è che quella persona non se ne deve addunare" (Camilleri)

Die Grammatikalisierung des präpositionalen Direkten Objekts kennt verschiedene Grade, ist heute eher schwach vertreten. Nur das Spanische und das Rumänische haben sie voll entfaltet, allerdings mit verschiedenen Präpositionen und teilweise verschiedenen morphosyntaktischen Konstrukten.

11.3 Die Markierung des Direkten Objekts im Spanischen und im Rumänischen im Vergleich

Spanisch

Die Untersuchung der Direkten Objekte in der Nummer 1092 der spanischen Tageszeitung *El País* vom 7. November 1979 hinsichtlich des Gebrauchs oder des Nicht-Gebrauchs der Präposition *a* ergibt folgendes Bild:

a. Verb + *a* + Direktes Objekt, das eine Person bezeichnet: 89 Beispiele
b. Verb + ø + Direktes Objekt, das eine Person bezeichnet: 17 Beispiele
c. Verb + *a* + Direktes Objekt, das einen Gegenstand bezeichnet: 55 Beispiele
d. Verb + ø + Direktes Objekt, das einen Gegenstand bezeichnet: 1586 Beispiele

Diese Zahlen zeigen, dass das Direkte Objekt im Spanischen in der Regel ohne präpositionale Markierung syntaktisch und semantisch erkennbar ist und dass die Markierung grundsätzlich vom semantischen Merkmal ‚Person' (oder auch allgemeiner ‚Lebewesen') elizitiert wird. Eine genauere Erfassung dieser Tendenzen im Zusammenhang mit der ‚Personenhaftigkeit' des Direktes Objekts (DO) führt zu folgender Differenzierung:

a. Das DO besteht aus einem Personennamen: die Markierung ist obligatorisch
„corríamos hacia la verja, dejando a Fernando y a su tío a pie" (E. Jardiel Poncela)
„Conque le abordé al Melecio" (E. Jardiel Poncela)
„Marcelino Oreja, ministro de Asuntos Exteriores ha incorporado a su equipo de colaboradores a Rafael Ansón" (*El País* 7-XI-79)
„el Gobierno queda en manos de un directorio, y se designa presidente a Maximiliano Hernández Martínez, con el beneplácito de Estados Unidos" (*El País* 7-XI-79)
„En esa época, Morán presenta a Fraga a Mario Soares durante una visita que el líder socialista portugués realizó a la capital británica" (*El País* 3-XII-82)

b. Das DO besteht aus einem Appellativ, dem ein bestimmter Artikel, ein Possessivadjektiv oder ein Demonstrativadjektiv vorangeht und das eine Person oder Personen im Allgemeinen angibt: die Markierung ist die Regel
„conozco a la dueña, una americana, una californiana" (*El País* 7-XI-79)
„Porque existen mujeres que creen llevar siempre a los hombres atados al carro de su belleza" (E. Jardiel Poncela)
„cuando se ve al público" (E. Jardiel Poncela)
„No se publicarán cartas que ofendan a las personas o que traspasen los límites que marca la legalidad vigente" (*Diario Vasco* 18-III-81)
„No conocí a mi madre, que murió al nacer yo." (E. Jardiel Poncela)
„y otra (sc. petición) en contra de la discriminación en materia de subsidios de que son víctimas los padres no alemanes que tienen a sus hijos en sus países de origen" (*El País* 7-XI-79)
„que Cuba deportase a los Estados Unidos a estos piratas del aire" (*Selecciones del Reader's Digest*, julio 1969)
Gegenbeispiel:

„Helicópteros de la fuerza aérea peruana están evacuando los heridos hasta la ciudad de Arequipa" (*Diario Vasco* 18-III-81)
Wenn allerdings dem DO ein Indirektes Objekt oder ein lokatives Satzglied folgt, das von der Präposition *a* eingeleitet wird, kann die Markierung fehlen:
„Señala el abuelo los héroes al niño" (R. Darío, *Marcha triunfal*)
„Francisco llamó la gente a la plaza" (R. Darío, *Los motivos del lobo*)
„Dado que posteriormente la impulsiva muchacha le quita el amante a su mejor amiga" (*El País* 7-XI-79)

   c. Das DO besteht aus einem Appellativ, dem ein bestimmter Artikel, ein Possessivadjektiv oder ein Demonstrativadjektiv vorangeht und das ein Kollektiv angibt: die Markierung ist die Regel
„las contribuciones indirectas, que gravan a la gran masa de consumidores" (*Historia de España Alfaguara* V, 1973)
„Dijo que el Gobierno vasco acata el compromiso constitucional, que apoya a las fuerzas de seguridad del Estado" (*Diario Vasco* 18-III-81)
„Por cierto que el Rayo ganó al Betis y empató ante Hércules y Burgos" (*El País* 7-XI-79)
„A partir de este momento, la CMT deberá consultar a sus organizaciones afiliadas para que se pronuncien en favor o en contra del ingreso de USO" (*El País* 7-XI-79)
„Señala la Federación que no engañó a la opinión pública" (*Sábado Gráfico* 11-II-81)
„No querría que pareciera que adulo a la juventud" (*ABC* 4-IV-66)
„El ministro Felipe Bulnes (…) criticó a los sectores más radicales" (*La Tercera* 17-09-2011)
„El Tribunal rectifica a la Audiencia y condena a tres años a ocho acusados" (*La Vanguardia* 18-III-2015)
„La corrupta gestión de las obras públicas salpica al Gobierno Renzi" (*La Vanguardia* 18-III-2015)
„sin implicar tanto al partido gobernante" (*El País* 30-V-2015)

d. Das DO besteht aus einem Appellativ oder einem geographischen Eigennamen, die einen bevölkerten Raum angeben : die Markierung ist häufig
„En Córdoba y Jaén, la catástrofe alcanza a toda la provincia" (*Sábado Gráfico* 11-II-81)
„un funcionario del Estado que no vota al partido del Gobierno está descalificado para representar a nuestro país en una institución internacional" (*El País* 23-V-79)
„Porque la verdad es que yo a Madrid lo amo como/a la niña de mis ojos" (Blas de Otero)
„La decisión norteamericana se produjo meses después que la Conferencia Internacional del Trabajo del año 1975 aprobara una resolución condenando a Israel por el mal tratamiento a los trabajadores árabes" (*El País* 7-XI-79)
„El poeta Juan Gelman denunció a Uruguay ante la OAE por la desaparición de su nuera durante la dictadura" (*El País* 10-V-2006)
„La Comisión Europea ha denunciado hoy a España ante el Tribunal de Justicia de la UE (TUE) debido a las diferencias que establece entre las loterías" (Internet 2007)
„Vladimir Putin (…) acusó a Estados Unidos de intervenir en los asuntos de otras naciones." (*El País* 30-V-2015)
„Quiero a Europa, adoro a Europa" (*La Vanguardia* 3-VII-2015)
„sería una gran pérdida para la UE perder a Grecia" (*La Vanguardia* 3-VII-2015)
Aber auch:
„Entre tanto, unos 300.000 emigrantes han decidido abandonar el país" (*El País* 7-XI-79)

e. Das DO besteht aus einem Appellativ, das eine quantifizierte Personengruppe angibt: die Markierung ist möglich
„Tú has visto a esos miles de hombres muertos y a esos centenares de cautivos" (Jesús Sánchez Adalid)
„los rebeldes (…) mataron a un millar de soldados cordobeses" (Jesús Sánchez Adalid)

„Este islote rocoso, en la Baja Normandía, atrae cada año a más de 2,3 millones de personas." (*La Vanguardia* 23-VII-2015)
„La OTAN mata a 136 afganos en Herat" (*El País* 1-V-07)
„Los 2.270 delegados al 18º Congreso Nacional del Partido Comunista Chino (…) *eligen* aproximadamente a 370 miembros del Comité Central, y estos, a su vez, *eligen* a unas dos docenas de miembros del Politburó, que, a su vez, *eligen* un Comité Permanente de nueve (…) integrantes" (*El País* 9/11/2012)
„Con ventas de unos 60 millones, el grupo emplea a 120 personas" (La Vanguardia 23-VII-2015)
„La policía busca a dos chicas huidas para unirse al Estado Islámico" (*La Vanguardia* 18-III-2015)
„se trataba de pagar a un gran ejército mercenario" (Jesús Sánchez Adalid)
„la gran periodista italiana que nos mostró de cerca a muchos poderosos del siglo XX" (*La Vanguardia* 23-VII-2015)
Aber auch:
„el presidente espera agrupar ‚uno, dos o tres millones de personas'" (*El País* 7-XI-79)

f. Das DO besteht aus einem Appellativ ohne nähere Bestimmung oder dem ein unbestimmter Artikel vorangeht: der Gebrauch der Markierung ist möglich, was vielleicht darauf zurückzuführen ist, dass die Referenz des DO weniger oder mehr ‚entpersonalisiert' ist
„que empleó como mano de obra gratis a presos de los campos de concentración" (*El País* 23-V-79)
„si se compara a bebés nacidos a los nueve meses y en perfecto estado de salud" (R. Vincent)
„el Gobierno sigue colocando en puestos de responsabilidad técnica a personas que carecen de la preparación necesaria para desempeñarlos" (*El País* 23-V-79)
„España forma a universitarios para ocupar empleos de FP" (*El País* 8-IX-2010; FP = Formación profesional)

„En la antigua Unión Soviética y los países del este de Europa es posible ver a antiguos dirigentes de partidos comunistas que se han trasformado en megamillonarios" (*El País* 9-11-2012)
„Al frente de estos grandes condados (sc. Ramiro II) sitúa a nobles de su confianza" (F. Javier Peña Pérez)
„asustada Ana de que tan poco después de la caída fuese capaz de recibir a un hombre en su alcoba" (Clarín, *La Regenta*, cap. 29)
„El patrono que despida a un obrero sin causa justificada" (*Constitución mexicana* 123.A.22)
„¿es raro que un hombre se pegue un tiro al perder a una mujer que quiere?" (E. Jardiel Poncela)
„antes se pilla a un embustero que a un cojo" (E. Jardiel Poncela)
„Subh no había visto a un hombre joven desde hacía años." (Jesús Sánchez Adalid)
„Egipto acusa a un policía de matar a una activista y poeta desarmada" (La Vanguardia 18-III-2015)
„una obra (…) en la que retrata a un fisósofo leyendo." (*El País* 30-V-2015)
Aber auch:
„El lunes anuncié ladrones para hoy" (E. Jardiel Poncela)
„el Sadie Hwakins Day, durante el cual los hombres solteros aceptan dócilmente ser casados por las mujeres que no han conseguido marido" (*El País* 7-XI-79)
„'Mientras tanto', nos comenta una de ellas, 'había que sufrir dolores fortísimos por no tener un médico que nos lo hiciera en las debidas condiciones sanitarias'" (*El País* 7-XI-79)
„no es muy corriente (…) que una muchacha espere para marido un hombre misterioso" (E. Jardiel Poncela)
„No es fácil conocer gente del sexo opuesto en Irán" (*La Vanguardia* 3-VII-2015)
„La candidata del PP quiere aspirantes ,fuera de toda sospecha'" (*La Vanguardia* 18-III-2015)
Beide Möglichkeiten können in demselben Satz vorkommen:
„asegura que no necesariamente busca marido, sino conocer a gente diferente" (*La Vanguardia* 3-III-2015)

g. Das DO wird von einem Appellativ, das ein Tier angibt: die Markierung ist möglich
„Pues habría que oírles a los perros si supieran hablar" (E. Jardiel Poncela)
„Cogiendo una maleta pequeña y metiendo al gato en ella" (E. Jardiel Poncela)
„en el patio donde los tres eunucos observaban admirados al loro" (Jesús Sánchez Adalid)
„Abuámir espoleó a su caballo" (Jesús Sánchez Adalid)
„Quien conoce a un lobo, conoce a todos los lobos, quien conoce a un hombre, sólo a uno le conoce" (Sprichwort)
Aber auch:
„¡Sujetad los perros!" (E. Jardiel Poncela)

h. Das DO besteht aus einem Pronomen, das sich auf eine Person bezieht: die Markierung ist obligatorisch
„le advierto a usted que he venido porque Fernando se empeñó en buscarlas" (E. Jardiel Poncela)
„Siempre atendiendo a los otros" (E. Jardiel Poncela)
„te perderé de vista a ti" (E. Jardiel Poncela)
„el servicio de esta casa le desgasta a uno tanto" (E. Jardiel Poncela)
„A éste ya no le pregunto" (E, Jardiel Poncela)
„ni ve por dónde anda, ni a los que están en escena" (J. Enrique Poncela)
„No encontraremos a alguien mejor que Abuámirum." (Jesús Sánchez Adalid)
„Había a quienes el singular ambiente de aquella época del año les sumía en la melancolía." (Jesús Sánchez Adalid)
„para acompañarle a él a su abadía" (Jesús Sánchez Adalid)

i. Bestimmte Verben wie *acorralar, ayudar, beneficiar coadyuvar, culpar, dotar, reemplazar, rodear, rogar* usw. regieren im Allgemeinen ein DO, das eine Person bezeichnet, regieren daher häufig ein markiertes DO; analog dazu können sie ein markiertes DO regieren, auch wenn dieses etwas Anderes bezeichnet, das nur manchmal als Personifizierung betrachtet werden kann.

„vencer a la enfermedad" (*Sábado Gráfico* 11-II-81)
„vencer a la muerte" (*Sábado Gráfico* 11-II-81)
„En la explicación de voto, Vida Soria culpó al propio texto del proyecto como responsable" (*El País* 7-XI-79)
„Tal estado de ansiedad perjudica a las relaciones madre-hijo" (R. Vincent)
„las renuncias que acompañan a una crisis económica de causas mucho más profundas que un mero cambio de régimen" (*Sábado Gráfico* 11-II-81)
„El presidente del COI (…) se mostró contrario a la creación de un comité olímpico catalán, porque no beneficiaría en nada al deporte de Cataluña" (*ABC* 10-XII-92)

Bei anderen Verben wie *acelerar, afectar, aislar, arrastrar, considerar, embestir, encerrar, favorecer, orientar, tocar, zarandear* usw. dürfte die Präposition eher zum Verb gehören:

„el criterio que orientará a dicha educación" (*Constitución mexicana* 3.1.)
„considerando a la democracia no solamente como una estructura jurídica y un régimen político" (*Constitución mexicana* 3.1.)
„en Venta de Baños hay que esperar al correo de Galicia" (tren) (E. Jardiel Poncela; es handelt sich um einen Zug)
„La violencia de la corriente en algunas calles levantó el asfalto, arastrando (sic) a los vehículos que se encontraban estacionados." (*ABC* 4-IV-66)
„cuando a las tres de la madrugada aproximadamente, un tren de carga embistió a otro de pasajeros de 17 vagones" (*Diario Vasco* 18-III-81)
„en dos minutos y medio aceleran al cohete" (*Selecciones del Reader's Digest*, julio 1969)
„Las concesiones (…) buscan la liberalización del régimen sin tocar a la Constitución" (*Historia de España Alfaguara* V 1973)
„La crisis de las hipotecas *subprime* en Estados Unidos ha zarandeado a la banca" (*La Vanguardia* 31-XII-2007)

Rumänisch

Wenn man das Rumänische parallel mit dem Spanischen vergleicht, fallen trotz der abstrakten Grundform <Präposition + ‚persönliches' DO> die großen „dissemblances" (Raynouard) nicht nur in der Materie (PER vs. AD), sondern auch in der Ausformung der Konstrukte mit sehr unähnlichem Gebrauch oder Nicht-Gebrauch der Präposition und der Klitika:

   a. Das DO besteht aus einem, eventuell mit Titel ergänzten Personennamen: die Markierung ist obligatorisch, die Klitisierung eher die Regel
„Iulia îl iubeşte pe Iulius." (Quesemand)
Îl întreb pe Ion
Pe Ion nu-l întreb
„Pe Dinu îl botezase C. A. Rosetti" (Sabina Cantacuzino)
„Acesta (…) fu unul din cei care răsfăţară mai mult pe Ionel." (Sabina Cantacuzino)
„Vi-l prezint pe domnul inginer Argeşeanu." (Andra Vasilescu)
„Daţi-mi voie să vă prezint pe domnul Valentin Moise." (Andra Vasilescu)
„De asemenea, oricât ar fi auzit vorbindu-se de studiile lor, niciodată tata, cu rezerva sa, n-ar fi acostat pe stradă pe Tache Ionescu sau pe Al. Djuvara pentru a-i atrage în partidul lui." (Sabina Cantacuzino)
„Nu tutuia decât pe camaradul de regiment Gr. Caracaş, pe Rosetti, pe fraţii Golescu." (Sabina Cantacuzino)
„tata ne duse la ele şi văzu pe Aneta atât de galbenă şi slabă" (Sabina Cantacuzino)
„şi pe Dante îl ador" (Svetlana Paleologu-Matta)
„îl iubesc pe Eminescu" (Svetlana Paleologu-Matta)
„Prin tezele ei degradează pe Eminescu." (Svetlana Paleologu-Matta)
Laut Graur 1973, §74 eher ohne Klitikum: „în stil pretenţios, astăzi repetiţia complementului este evitată, se scrie deci *văd pe Gheorghe, dau lui Ion*. E mai scurt, dar mai puţin clar."

b. Wenn das DO aus Appellativen besteht, die Personen bezeichnen, die als bestimmt gelten können, verfügt das Rumänische über verschiedene Konstruktionen:

b1. < allgemeines Appellativ + bestimmter Artikel>
Am văzut portarul
Aștept advocatul
„Imita pe tata, pe cât putea, pentru instrucțiunea ei și pe rând i-a dat toți profesorii mei" (Sabina Cantacuzino)

b2. <*pe* + nicht artikulierte Appellativa oder Verwandtschaftsbezeichnungen>
„Bogdan giură a-și răscumpăra rușinea și a pedepsi pe traditor" (Asachi)
„Petru, carele apăra pe popor despre asuprirele boierilor" (Asachi)
„Sutzu, Manu, Lahovary, Cantacuzino, Sturdza, Carp, Știrbey, se întreceau a sărbatori pe diplomați!" (Sabina Cantacuzino)
„tata hotărî pe rege să prepare pe nepoții lui la succesiunea tronului" (Sabina Cantacuzino)
„Noi, copiii, tutuiam pe părinți" (Sabina Cantacuzino)

b3. <*pe* + Verwandtschaftsbezeichnung + bestimmter Artikel>
„căci iubea pe tata ca pe un frate mai mic" (Sabina Cantacuzino)
„Pe nimeni n-am cunoscut mai simpli și mai neatârniți în viața lor ca pe tata și pe bărbatul meu." (Sabina Cantacuzino)
„toți cei care veneau zilnic la noi și din cauza vârstei nu chemau pe tata pe nume" (Sabina Cantacuzino)
„(sc. ea) idolatra pe mama" (Sabina Cantacuzino)
„Văd și acum pe tata într-un cap al mesei, cu ochii lui sclipitori și părul negru buclat, pe mama la celălalt cap, cu ochii frumoși, dinții albi și regulați, părul ondulat" (Sabina Cantacuzino)

b4. <*pe* + allgemeines Appellativ + Satzergänzung>
„și faci pe bătrâni să dorească anii tinereții" (Mihail Sadoveanu)
„Și când văzu pe mazâl că se întoarce spre noi, îi trecu pe dinainte" (Mihail Sadoveanu)

b5. <(*pe*) + allgemeines Appellativ + bestimmter Artikel + Genitivattribut/andere Ergänzung>
Am chemat pe copiii Danei la masă

El a chemat pe primarul satului
Am chemat copiii la masă
Deschizând uşa, scoase un cuţit ca să ucigă pe bătrânul, care şedea întins pe canapea
„Aceste primiri încântau şi măguleau aşa de mult pe parlamentarii neobişnuiţi cu saloanele din Bucureşti" (Sabina Cantacuzino)
b6. <Klitikum + Prädikat + *pe* + allgemeines Appellativ ohne Artikel>
L-am văzut pe portar
Îi voi distruge pe duşmani
Le aştept pe fete la şcoală
Îi va chema pe beneficiari la discuţie (,toţi beneficiarii')
„Romanul îi venerează pe zeu şi pe zeiţă." (Quesemand)
b7. <Klitikum + Prädikat + *pe* + Verwandtschaftsbezeichnung + bestimmter Artikel + (Possessivum)>
Gheorghe o iubeşte pe sora sa
Claudia îl iubeşte pe fratele său
L-am văzut pe fratele tău
„Hai să-ţi prezint pe prietenul meu Vlad" (Andra Vasilescu)
„Pe fraţii mei, şi mai ales pe Vintilă, îi primea ca pe copii ei." (Sabina Cantacuzino)
„Poate dumneata, uncheşule, vei fi fiind unul Constandin, despre care am auzit pe maica mea spunând că s-ar fi rătăcit prin lume." (Beispiel ohne Klitikum; Mihail Sadoveanu)
„Această nenorocire a impresionat-o foarte mult pe mama." (Beispiel ohne Possessivum; Sabina Cantacuzino)
b8. <Possessiver Dativ + Prädikat + Verwandtschaftsname + bestimmter Artikel>
Ţi-am văzut fratele
Gheorghe îşi iubeşte sora
El îşi iubeşte mama
„trebuie să omor pe d. Păun, ca să nu-mi omoare fata." (Sabina Cantacuzino)
„Bărbatul meu alerga toată dimineaţa prin spitale, îşi revedea profesorii şi camarazii" (Sabina Cantacuzino)

b9. <klitisiertes Prädikat + *pe* + allgemeines Appellativ + bestimmter Artikel + Spezifizierung/ergänzendes Satzglied>
„România a transmis Comisiei Europene noul program de convergență (...) anunțându-i pe oficialii de la Bruxelles că angajamentul de adoptare a monedei euro ,va deveni un obiectiv realizabil și necesar'" (*Ziarul de Iași*, 7-V-2014)
„Zeița cea buna îl ascultă pe copilul nefericit." (Quesemand)
„Îl chem pe vestitorul zeiței" (Quesemand)

c. Wenn das DO aus einem bestimmten Kolletiv besteht, wird keine Markierung verwendet:
„Dascălilor, dați-ne tineretul de care avem nevoie! " (Internet 2011)
„Comisia Europeană critică Guvernul României pentru politică să de taxe" (Internet 2015)
Aber:
„West Ham nu mai castigase de 52 de ani pe Anfield" (Internet 2015)

d. Wenn das DO aus geographischen Eigennamen besteht, wird keine Markierung verwendet:
„Ador Franța, ador Italia, ador Grecia, ador poeții mari." (Svetlana Paleologu-Matta)
„De ce iubesc eu Bucureștiul?" (Internet 2010)

e. Wenn das DO aus einem Appellativ besteht, das eine quantifizierte Personengruppe angibt, wird keine Markierung verwendet:
„șase mii de napoletani au atacat trei mii de francezi" (Internet 2014)

f. Wenn das DO aus einem Appellativ ohne nähere Bestimmung besteht oder ihm ein unbestimmter Artikel vorangeht, ist die Markierung eher nicht die Regel, aber sie ist möglich, was darauf zurückzuführen ist, dass die Referenz des DO mehr oder weniger entpersonalisiert ist:
Caut profesor de germană (nicht näher definierte Person)
Va chema beneficiari (d.h. ,unii beneficiari')

„nici nu încurajează pe artiști" (Sabina Cantacuzino)
Am văzut un portar
Ar fi bine să întrebăm (pe) un avocat.
Caut pe un profesor (einen bestimmten)
Am văzut niște oameni
Pe cine ai văzut în oraș? Am văzut mulți prieteni.
„realitățile de atunci au dus pe mulți tineri la exasperare" (Alexandru Zub)
Îl întrebăm pe un medic
„înainte de a o săvârși întrebă pe un amic" (Sabina Cantacuzino)
„Vinul îl face pe om vesel." (Quesemand)

g. Wenn das DO aus einem Appellativ oder einem Eigennamen besteht, die ein Tier angeben, kann die Markierung verwendet werden:
„am văzut pisica mătușămii Vica încercînd să se cațere în cireș" (Internet 2014)
„nu-i aud pe cânii tânărului" (Quesemand)
„Și Emil o aduce pe Miți, pisica lui." (Andra Vasilescu)

h. Besteht das DO aus einem Pronomen, wird es markiert; wenn das Pronomen bestimmt ist, wird es auch klitisiert:
Te aștept pe tine
Nu l-am văzut pe el
Îl iau pe al meu („ich nehme meines')
O cumpăr pe aceasta (sc.z. B. *bicicleta*)
„ne-a dus și pe noi, copiii, la gara Pitești" (Sabina Cantacuzino)
„a avut fericirea să-i vadă sfârșitul glorios și pe ai săi, adică Miza și Dumitru, reîntorși lângă ea." (Sabina Cantacuzino)
„Dintre amicii din generația aceasta pe care îi aveam în prima copilărie" (Sabina Cantacuzino)
„Pentru a le seduce pe cele pe care le dorea, Iupiter se preschimba de obicei într-un animal." (Quesemand)
A înțelege pe altul (direktes Objekt betontes fragendes oder indefinites Pronomen)
Nu văd pe nimeni
Pe cine vezi astăzi?

„Constituția desemna pe unul din fii Princepului Leopold." (Sabina Cantacuzino)
„admirația lui pentru impecabila politeță cu care trata pe toți" (Sabina Cantacuzino)
Ebenfalls markiert mit oder ohne Klitisierung werden substantivierte Adjektive:
„Lupta întărește pe cel slab și primejdia mărește pe cel tare" (Alecu Russo)
„bruftuiam pe cei mici întârziați" (Sabina Cantacuzino)
„Astfel de scene (...) nu tămădui pe cel mic de pretenția lui." (Sabina Cantacuzino)
„și această purtare îi îndepărtă pe cei trei tineri" (Sabina Cantacuzino)
„monumentele noi care, prin el, au înlocuit pe cele vechi." (Sabina Cantacuzino)
„Cu tot altfel se prezintă invaziile hunice, care le prefigurează pe cele avare, pecenege și cumane de mai târziu, pe care iată cum le descrie o mare specialistă franceză" (M. Cazacu)
Nicht markiert werden das Relativpronomen *ce* (cf. „de la oameni ca acei ce i-am cunoscut la Pontigny" (Al. Voinescu) und die neutrale Indefinita *ceva, nimic*.

i. Das Rumänische kennt für die Angabe einer gewissen Menge in der Position des Direkten Objekts den Gebrauch der Präposition *la*, die man je nach Kontext eher lokativ, partitiv oder quantifizierend interpretieren kann:
Culeg ceva ‚ich sammle etwas' vs. *Culegeam la flor* ‚ich war mit Blumenpflücken beschäftigt' (Weigand 1918, 148)
Nu vrea să bea apă ‚er wollte kein Wasser trinken' vs. *El bea la apă* ‚er war mit Wassertrinken (bei/mit einer bestimmten Menge) beschäftigt' (Weigand 1918, 148–149)
So auch *mănîncă la pîine* (Coteanu 1961, 79) und *Bea la vin!* ‚Il boit beaucoup de vin!/Il boit du vin en quantité' (Iluțiu 1989, 288).

12 Der imitierende Vektor

Benutzer einer Sprache L1 werden immer wieder zur Ergänzung von Fehlendem oder zur Erleichterung des Code-Switching Elemente einer Sprache L2 übernehmen. Dabei kann es sich um Wörter oder um morphosyntaktische Konstrukte handeln, die mehr oder weniger stark an die Sprache L1 adaptiert werden. Bei den morphologischen und syntaktischen Konstrukten ist die Chance einer Übernahme größer, wenn die Sprache L2 eher ähnliche Strukturen aufweist. Die Beinflussung kann reziprok sein: Auch die Sprecher von L2 übernehmen Elemente aus der L1. Die Übernahme setzt irgendeine Form von Kontakt voraus und kann vom Prestige der L2 gefördert werden. Der Kontakt der Sprecher kann massiv sein, wie bei einem längeren Zusammenleben (Symbiose) von Gruppen, oder er kann von der regen Kontaktpflege von Eliten ausgehen, die dann die Neustandardisierung von L1 bestimmen. Entlehnungen können aber auch auf rein schriftlichem Wege durch rege Übersetzungstätigkeiten oder durch die Nachahmung einer fossilisierten Prestigesprache wie dem Latein gemacht werden. Die Adaptierung von Entlehnungen aus einer L1 an die Strukturen einer L2 kann mehr oder weniger groß sein, daher sind ihre Ursprünge nur mehr oder weniger erkennbar.

Vergleicht man das Rumänische einerseits mit den anderen romanischen Sprachen und andererseits mit den Sprachen der Hämushalbinsel fallen unabhängig von seiner Latinität zwei Phänomene auf, die von imitierenden Vektoren getragen (worden) sind:
- eine Reihe von Zügen, die den Anschein einer (älteren) Affinität des Rumänischen mit anderen, nicht romanischen Sprachen des Balkan haben (Balkanvektor)
- eine Reihe von Zügen, die den Anschein einer rezenten Reromanisierung haben (Okzidentalisierungsvektor)

Der Balkanvektor geht auf längere mittelalterliche, stark auf die Mündlichkeit ausgerichtete Kohabitation der Balkanromanen zuerst mit den Albanern und dann mit den südlich und nördlich der Donau angesiedelten Slawen zurück, wie es synthetisch Schmitt und Sălăgean (in Pop/Bolovan 2006) darstellen:

„Die Uralbaner haben vor dem Auftreten der Slawen im lateinisch verwalteten Balkan – also nördlich der Jireček-Linie – in einem Raum gesiedelt, der sich vom heutigen Nordalbanien bis nach Zentralmazedonien erstreckt. Dabei ist es wohl besonders im inneren Balkan zu einem langen und engen Kulturkontakt mit vollständig romanisierten altbalkanischen Bevölkerungsteilen, den Urrumänen und Uraromunen, gekommen. Angesichts der vordringenden Slawen haben sich diese ganz oder teilweise romanisierten römischen Provinzbewohner seit dem 6. Jahrhundert in höhere Gebiete zurückgezogen, wo sie aus klimatischen Gründen Viehzucht betrieben. Die Beruhigung der Lage in den Ebenen, eng verbunden mit der Wiedererrichtung römischer (byzantinischer) Herrschaft, bewog die Hirten des Hochlandes (wohl ab dem 9. Jahrhundert), in tiefere Lagen vorzudringen, wo sie von den Slawen Wortschatz übernahmen, der der dortigen Fauna und Flora, aber auch der Wirtschaftweise (Ackerbau) und Herrschaftsorganisation entsprach." (Schmitt 2012, 42–43)

„The cohabitation of the Romanians and the Slavs represents an important feature of this period (sc. the 9th and 10th century), the cultural synthesis thus realized enabling, by the end of the 11th century, the assimilation of the north-Danube Slavs within the Romanian population. The Slavs' adoption of Christianity and the constitution of a religious superstructure subordinated to the Bulgarian Church contributed to the intensification of the connections between these communities. (…) the Slavic influence left strong marks on the Romanians' institutional, religious and cultural evolution during their entire medieval history. The political and religious superstructure, justice, the Slavic liturgy, Slavonic as both cultic and chancellery language, the consistent tendency of receiving various literary productions by Bulgarian mediation, instead of adopting the Byzantine originals, all prove certain connections impossible to ascribe to an outer influence." (Pop/Bolovan 2006, 136–137)

Der Okzidentalisierungsvektor geht auf die bewusst gesteuerte kulturelle, wirtschaftliche, rechtliche und administrative Modernisierung der rumänischen

Länder ab dem 18., und vor allem ab dem 19. Jahrhundert zurück, wobei vor allem die französische Welt als Modell galt:

„*L'influence française* est la *plus forte* parmi toutes celles qui se sont exercées aux cours des siècles sur la langue et la littérature roumaines. Son point de départ coïncide avec l'arrivée des Phanariotes en Roumanie; elle se développa lors de l'occupation du pays par les Russes, dont les officiers parlaient mieux le français que leur langue maternelle et, enfin, grâce à la jeunesse roumaine qui allait étudier en France. Le nombre des néologismes dans le roumain d'aujourd'hui prouve cette influence." (Pop 1948, 12)

Ob im Ausland oder im Inland, jede besser gestellte Person in Rumänien hat im 19. Jahrhundert versucht, Französisch zu lernen und sich die französische Kultur anzueignen. So konnte der Politiker und Historiker Vasile Alexandru Urechia dank einem Stipendium 1855–1857 in Paris studieren (Urechia 2014, 53–91). Zur gleichen Zeit bekam der junge Radu Rosetti auf dem Land in Căiuți zehn Hauslehrer, von denen 5 Franzosen, einer Belgier, einer Schweizer, einer Italiener und zwei Deutsche waren, Unterrichtssprache war Französisch (Rosetti 2012, 227–233). Vasile Alecsandri persifliert in seiner Komödie *Chirița în provincie* (1852) die übertriebene Nachahmung des Französischen.

Ein symptomatischer Indikator für kulturelle Modernisierungsschübe ist die Übernahme und die Bildung von Verbalabstrakta, die die Bedürfnisse einer komplexer gewordenen Gesellschaft widerspiegeln. Die Bedeutung des Balkanvektors kann man an der großen Anzahl Abstrakta vor allem kirchenslawischer Herkunft auf *-enie* ablesen (394 entsprechende Eintragungen im *Dicționar invers* der Academia Republici Populare Române von 1957), die Bedeutung des Okzidentalisierungsvektors schlägt sich in der noch größeren Anzahl Verbalabstrakta lateinischer, italienischer und vor allem französischer Herkunft auf *-țiune* (787)/*-ție* (1339) nieder, die dasselbe Wörterbuch registriert (cf. 12.8.).

12.1 Südosteuropäische Affinitäten

Bei seinem Versuch, eine vergleichende Grammatik der romanischen Sprachen (*Grammaire comparée de langues de l'Europe latine*) zusammenzustellen, waren François Raynouard die großen Unähnlichkeiten des Rumänischen (*le valaque*) mit den westromanischen Sprachen aufgefallen, wovon zwei die Morphosyntax – die Futurbildung und die Postponierung des bestimmten Artikels – betreffen:
   „Les rapports sont intimes, les dissemblances sont extrêmes" (sc. „avec la langue romane formée par la même cause dans l'occident de l'Europe") (Raynouard 1821, LXI)

„Si ces rapports sont frappans, les dissemblances sont plus frappantes encore.

1° Non-seulement les articles de la langue valaques sont autres que ceux de la langue romane, mais encore ils sont placés après le mot auquel ils se rapportent, et y sont attachés comme affixes." (Raynouard 1821, LXIV)

„Dans les verbes romans, le futur est formé par l'adjonction du présent de l'indicatif du verbe AVOIR au présent de l'infinitif; au contraite, dans les verbes valaques il est désigné par le présent de l'indicatif de l'auxiliare VOULOIR, qui précède le présent de l'infinitif." (Raynouard 1821, LXV)

Kurz später hat der Wiener Hofbibliothekar und Slawist Jernej Kopitar, der die Feststellungen von Raynouard kannte, bei der Besprechung von zwei rumänischen Wörterbüchern in der Zeitschrift *Jahrbücher der Literatur* von 1829 durch die Unterscheidung von Materie (d.h. das Sprachmaterial) und Form (d.h. der grammatische Bau) die ‚formale' Affinität von Rumänisch, Bulgarisch und Albanisch trotz verschiedenen Materials behauptet, wobei er das Albanische als Gebersprache betrachtet:

„Daß aber ihr (sc. der walachischen Sprache) nichtlateinischer Bestandtheil der illyrischen (heut zu Tage albanesischen) oder doch einer mit dieser sehr nahe verwandten Sprache angehört, zeigen nicht allein viele Wörter dieser Art, die diese beyden Sprachen mit einander gemein haben, sondern mehr noch, und eigentlich entscheidend, der gleiche grammatische Bau. Schon der in beyden Sprachen dem Nomen nicht vorangeschickte, sondern hinten angehängte Artikel; der zwar auch im Baskischen und Skandinavischen vorkommt, doch nirgends in so ganz gleicher Weise, wie unter diesen zwey Bruder- und Nachbarvölkern, davon das eine, im Gebirge, Form und Materie seiner Sprache gerettet, das andere, im Thale, zwar römische Materie, aber doch nur in seine Form umgegossen, angenommen hat. Und diese Form war so unvertilgbar, daß, als am Schlusse der Völkerwanderung die bulgarischen Slawen sich zahlreich im Gebiete dieser thracischen langue romane ansiedelten, sogar ihr Slawisch im Verkehr mit Walachen auch in diese Form, mit dem hinten angehängten Artikel (…) umgeprägt ward! So daß also, noch bis auf diese Stunde, nördlich der Donau in der Bukowina, Moldau und Walachey, Siebenbürgen, Ungern, ferner, jenseits der Donau, in der eigentlichen Bulgarey, dann in der ganzen Alpenkette des Hämus, in der ausgedehntesten alten Bedeutung dieses Gebirges, von einem Meere zum andern, in den Gebirgen Macedoniens, im Pindus und durch ganz Albanien nur eine Sprachform herrscht, aber mit dreyerley Sprachmaterie (davon nur eine heimisch, die zwey andern fremdher, von Ost und West eingebracht sind)". (Kopitar 1829, 85–86)

„Wie gesagt, so reicht schon die Identität des Sprachbaues im Gebrauch der Artikels hin, um in Rücksicht der Form sowohl das Walachische, als das Bulgarische dem Albanesischen anzureihen. Nähere Untersuchungen (…) würden sowohl die innige Verwandtschaft dieser drey Sprachen, und den Grund derselben im Bau der albanesischen, als den Einfluss dieser alteuropäischen Sprache auch über ihren Kreis hinaus, südwärts bis ins Neegriechische, und nordwärts bis ins Serbische, darthun." (Kopitar 1829, 87)

Die Hinweise von Kopitar weiterführend hat dann der Wiener Slawist Franz Miklosich in der Einleitung zu seiner Zusammenstellung der Wörter slawischen Ursprungs im Rumänischen (*Die slavischen Elemente im Rumunischen*, 1861, 6–8) die grundlegende Liste der Merkmale der Balkansprachen aufgestellt, „die auf das alteinheimische Element scheinen zurückgeführt werden zu

sollen" (6). Es handelt sich um drei phonetische und um folgende sechs grammatische Erscheinungen:
- Die Bildung des Futurs mit <wollen + Infinitiv> (serbisch, bulgarisch, rumänisch, neugriechisch, toskisch)
- Das Fehlen des Infinitivs und dessen Ersetzung durch <Konjunktion + finites Verb> (bulgarisch, neugriechisch, albanisch; die Ersetzung ist auch im Serbischen und im Rumänischen möglich)
- Der formale Zusammenfall von Genitiv und Dativ (bulgarisch, rumänisch, neugriechisch, albanisch)
- Die Postponierung des bestimmten Artikels (bulgarisch, rumänisch, albanisch)
- „die Verbindung der abgekürzten (enklitischen) mit den vollen Dativ- und Accusativformen der persönlichen Pronomina" (bulgarisch, rumänisch, neugriechisch, albanisch)
- „der Ausdruck der Zahlen von 11–19 durch Verbindung der Zahl zehn mit den Zahlen von 1–9 mittels einer Präposition" (rumänisch, albanisch, in allen slawischen Sprachen)

Zweck dieser Liste war zu zeigen, „dass das Rumunische Erscheinungen darbietet, die aus dem Lateinischen nicht erklärt werden können" (8). Nach Miklosich würden sie auf das alteinheimische Element zurückgehen, also auf die Vorfahren der Albaner.

Die metabegriffliche Erfassung dieser Affinitäten lieferte erst Nikolai Trubetzkoy durch die Unterscheidung von Sprachbund und Sprachfamilie am ersten internationalen Linguistenkongress in Den Haag 1928:

*„**Proposition 16.** Jede Gesamtheit von Sprachen, die miteinander durch eine erhebliche Zahl von systematischen Übereinstimmungen verbunden sind, nennen wir Sprachgruppe.*
Unter den Sprachgruppen sind zwei Typen zu unterscheiden:
Gruppen, bestehend aus Sprachen, die eine grosse Ähnlichkeit in syntaktischer Sicht, eine Ähnlichkeit in den Grundsätzen des morphologischen Baus aufweisen, und eine grosse Anzahl gemeinsamer Kulturwörter bieten, manchmal auch äussere Ähnlichkeit im Bestande der Lautsysteme, – dabei aber keine systematische (sic) Lautentsprechungen, keine Übereinstimmung in der lautlichen Gestalt der morphologi-

schen Elemente und keine gemeinsamen Elementarwörter besitzen, – *solche Sprachgruppen nennen wir Sprachbunde.* Gruppen, bestehend aus Sprachen, die eine beträchtliche Anzahl von Elementarwörtern besitzen, Übereinstimmungen im lautlichen Ausdruck morphologischer Kategorien aufweisen und, vor allem, konstanten Lautentsprechungen bieten, – *solche Sprachgruppen nennen wir Sprachfamilien.* So gehört z.B. das Bulgarische einerseits zur slawischen Sprachfamilie (zusammen mit dem Serbokroatischen, Polnischen, Russischen u.s.w.), anderseits zum balkanischen Sprachbund (zusammen mit dem Neugriechischen, Albanesischen und Rumänischen." (*Actes* 1928, 18)

Vorangehende Arbeiten zusammenfassend schlägt Helmut Schaller folgende Definiton eines Sprachbundes (fr. *union linguistique*, rum. *uniune lingvistică*) vor:

„Bei den Mitgliedern eines Sprachbundes handelt es sich zumindest bei einem Teil der Sprachen um solche, die nicht zu einer Familie gehören, die geographisch benachbart sind und aufgrund gegenseitiger Beeinflussung eine Reihe von gemeinsamen Merkmalen aufweisen, die sich auf den lautlichen, morphologischen oder syntaktischen Bereich der betreffenden Sprachen beziehen.
Ein Sprachbund weist mindestens zwei gemeinsame Merkmale auf, die sich auf mindestens drei nicht zur gleichen Familie gehörende Sprachen erstrecken, um genetisch bedingten Urpsrung oder einseitige Beeinflussung im Definitionsbereich des Sprachbundes auszuschließen" (Schaller 1975, 58).

Zur gleichen Zeit wie Nikolai Trubetzkoy hat Kristian Sandfeld mit seinem Buch *Balkanfilologien. En oversiggt over dens resultater og problemer* (1926) die Balkanphilologie gegründet, die versucht, die Ähnlichkeiten der Sprachen auf der Hämushalbinsel in der Lexik und in den grammatischen Strukturen zu systematisieren. Dabei gelten Rumänisch, Bulgarisch und Albanisch aufgrund des Merkmals des postponierten Artikels als Kernsprachen des Sprachbundes. In ihrem Buch über den Balkansprachbund bietet Olga Mišeska Tomić (Dordrecht 2006) eine vergleichende Zusammenstellung darüber, wie die als typische

Affinitäten betrachteten Merkmale im Makedonischen, Bulgarischen, Serbokroatischen, Rumänischen, Meglenorumänischen, Aromunischen, Albanischen, Neugriechischen und Romani ausgeformt werden. Ähnliche Konkordanzen hatten schon Kr. Sandfeld in seiner *Linguistique balkanique* (1930, 163–216) und Helmut Schaller in seinem Buch *Die Balkansprachen* (1975, 134–171) aufgestellt. Dabei ist die genaue Rolle des Griechischen mit seinen Parallelen zum Rumänischen schwer zu bestimmen (Dietrich 1995, §8.1).

Wie Dahmen (2003, §3) feststellt, ist auch heute noch „Eine der zentralen Fragen der Balkanologie (...) die nach den Ursachen dieser Gemeinsamkeiten. (...) Viel wahrscheinlicher ist jedoch die Annahme, dass man es mit einer Serie von gegenseitigen Beeinflussungen zu tun hat, bei denen es letztendlich unerheblich ist, wer der Auslöser gewesen ist (...)."

12.2 Südosteuropäische Affinitäten des Rumänischen

Die lexikalischen Gemeinsamkeiten unter den Balkansprachen sind auch aus rumänischer Sicht evident (cf. z.B. Sandfeld 1930, Chap. II; Puşcariu 1943, §115). Für die sprachtypologische Charakterisierung der Eigenarten des Rumänischen unter den romanischen Sprachen sind dagegen die sogenannten grammatischen Affinitäten zu den Balkansprachen Fall für Fall zu nuancieren. Insbesondere ist in jedem Fall zu klären, auf welchem Abstraktionsniveau die Ähnlichkeiten festgestellt werden. Ist ein Phänomen ebenfalls in verschiedenen romanischen Sprachen vorhanden wie die klitische Verdoppelung des Direkten und des Indirekten Objekts (cf. Mišeska Tomić 2006, Chapter Four; it. *te lo do a te/te lo do anch'io un consiglio*; fr. *cette promesse, il l'accomplira*; sp. *a Pedro le veo/le veo a Pedro* usw.), kann es sowohl auf den romanischen Sprachen inhärenten Entwicklungstendenzen (cf. Hasenstab 2010) als auch auf südosteuropäische Kontakte zurückgehen. Ähnliches gilt für die doppelte Setzung des Konditionals (cf. 10.3.), die z.B. auch im Bulgarischen möglich ist (cf. Ако аз бих била богата, бих пътувала много ‚Wenn ich reich wäre, würde ich viel reisen').

Die vermeintlichen Ähnlichkeiten des Standardrumänischen mit den sogenannten Balkansprachen können verschiedenen dieser Sprachen in verschiedenem Grad gemeinsam sein. Das Kernphänomen bleibt die postnominale Stellung des bestimmten Artikels, die dem Rumänischen, dem Bulgarischen/Makedonischen und dem Albanischen, aber keiner anderen Sprache der

Region gemeinsam ist. Diese Dreierkombination ist daher einzigartig und wiederholt sich als solche bei keinem anderen Merkmal. Die anderen sogenannten Balkan-Merkmale können in allen drei Kernsprachen und zugleich noch anderen Sprachen oder nur in einer der Kernsprachen und noch anderen Sprachen vorkommen.

Aus romanischer Sicht können wir für die grammatischen Ähnlichkeiten des Rumänischen mit den Balkansprachen folgende Gradation feststellen:

a. Das Phänomen ist in den Balkansprachen in verschiedenen Formen vorhanden, aber ganz unwestromanisch. Es geht um folgende Erscheinungen:
- Die morphologische Vokativbildung
- Die morphologische Koinzidenz von Genitiv und Dativ
- Die morphologische Unterscheidung von Dativ und Akkusativ beim unbetonten Personalpronomen
- Die Bildung der Kardinalzahlen von 11 bis 19 und der Zehner von 20 bis 90
- Die Bildung der Ordinalzahlen
- Die Postponierung des bestimmten Artikels
- Der Genitivartikel
- Die konjunktionale Unterscheidung für deklarative und volitive Objektsätze
- Das Fehlen einer *consecutio temporum*

b. Das Phänomen ist in den Balkansprachen in verschiedenen Formen vorhanden, dagegen in den westromanischen Sprachen regressiv oder unterentwickelt. Es geht um folgende Erscheinungen:
- Die Bildung einer nominalen ambigen Klasse
- Der possessive Dativ
- Die Futurbildung

12.3 Affine Deklinationsmerkmale

Die aktive Bewahrung von Deklinationen nähert das Rumänische zu verschiedenen Balkansprachen (cf. 8.). In Kontakt mit dem Slawischen hat es den Vokativ ausgebaut (cf. 8.2.) Bei den Personalpronomina unterscheidet das Rumänische Dativformen von Akkusativformen („ich, mir, mich': *eu, îmi/mie, mä/mine*) wie auch das Bulgarische (аз, ми, ме/мене) und das Neugriechische bei den unbetonten Formen (εγώ, μου/εμένα, με/εμένα), aber nicht das Albanische (*unë, më/mua, më/mua*).

In verschiedenen Balkansprachen können Genitivkonstrukte zur Angabe einer nominalen Spezifizierung und Dativkonstrukte zur Angabe des Indirekten Objekts koinzidieren. Die unterschiedliche Funktionalität wird dadurch erkennbar, dass das Genitivkonstukt von einem Nomen und das Dativkonstrukt von einem Verb abhängen. Die formale Koinzidenz ist heute klar im Bulgarischen gegeben:

Колата на фирма ‚das Auto der Firma'
Тя даде проспект на Андреа ‚Sie gibt Andrea einen Prospekt'

Im Neugriechischen ist zwar die formale Koinzidenz ebenfalls möglich wie in

Ο πρόεδρος του χωριού ‚der Bürgermeister des Dorfes'
Τί του δίνεις του άντρα σου; ‚Was gibst du deinem Mann?',
das Indirekte Objekt wird aber heute in der Regel präpositional ausgedrückt:
Ο Νικολής δίνει ένα ποτηράκι κρασί στο Γιωργάκη ‚Nikolis gibt Jorgakis ein Gläschen Wein'

Im Albanischen fallen die rein nominalen Kasus Genitiv und Dativ zwar zusammen (z. B. Nominativ Singular artikuliert *motra* ‚die Schwester', Genitiv und Dativ Singular artikuliert *motrës* ‚der Schwester'; Nominativ Plural artikuliert *biçikletat*, Genitiv und Dativ Plural artikuliert *biçikletave*), die Genitivkonstrukte und die Dativkonstrukte unterscheiden sich aber dadurch, dass im Genitivkonstrukt der Genitivartikel hinzukommt (*i, e motrës; i,e biçikletave*) und im Dativkonstrukt das Indirekte Objekt klitisch verdoppelt wird:

Shkodra, qyteti i biçikletave ‚Shkodra, die Stadt der Fahrräder' (Stadt-die die der Fahrräder)
Po i dërgoj një letër motrës ‚Ich sende meiner Schwester einen Brief' (Jetzt ihr sende ich einen Brief Schwester-der)

Auch im Rumänischen können wie vor allem im Bulgarischen Genitivkonstrukte und Dativkonstrukte koinzidieren:

cartea unui prieten ‚das Buche eines Freundes'
dau cadou cartea asta unui prieten ‚ich schenke dieses Buch einem Freund'

In den Genitivkonstrukten muss aber der Genitivartikel hinzugefügt werden, u.a. wenn das regierende Nomen unbestimmt ist oder zwischen dem regierenden Nomen und der Genitivspezifizierung noch andere Elemente stehen:

o carte a unui prieten ‚ein Buch eines Freundes'
ca procurist al unei întreprinderi de construcţii ‚als Prokurist einer Baufirma'
semn de recunoaştere al celor care ascultau B.B.C. ‚ein Erkennungszeichen derjenigen, die BB hörten'
casa frumoasă a vecinului ‚das schöne Haus des Nachbarn'

Im Altrumänischen konnte der Genitivartikel auch nach einem artikulierten Substantiv stehen: *locu-l al muncilor* (Hasdeu 1879, 443). Das heutige Fehlen nach einem artikulierten Substantiv erklärt Parenti als unmögliche Tautologie: „al è escluso dall'articolo definito perché etimologicamente coincide con esso" (Parenti 2005, 116). Giurgea (2012, 63) erklärt es als Haplologie. Der Genitivartikel kann heute trotz seiner nominativischen Herkunft (< ILLE) als Marker für den Genitiv in Opposition zu *la* als Marker für den Dativ betrachtet werden (cf. Giurgea 2012, 59–60 für eine ähnliche Interpreation).

Die Funktion des Dativs als postverbalen Indirekten Objekts kann durch fakultative klitische Verdoppelung signalisiert werden:

(i) am dat prietenului o carte ‚ich habe dem Freund ein Buch gegeben'
(ihm habe gegeben Freund-dem ein Buch)
Soldatul lui Cezar îi ridică un templu zeiţei Venus (Caesaris miles templum Veneri aedificat; Quesemand)
„n-au mai putut nice silihtariul a-i trimite alte isprăvi lui Matei vodă" (M. Costin)

Das Indirekte Objekt kann aber vor allem umgangssprachlich auch präpositional mit der Präposition *la* angegeben werden. Dies Konstruktion ist die Regel, wenn dem Nomen ein Numerale oder ein nicht dekliniebares Determinans vorangeht (Pană Dindelegan 2013, §3.2.3.3.; Iliescu/Popovici 2013, §2.3.2.4.; Iorga Mihail 2013). Sie ist schon im älteren Rumänisch belegt:

am dat pâine la un om bătrân (neben *am dat pâine unui om bătrân*, Weigand 1918, 61)
le-am dat ciocolată la copii (neben *le-am dat ciocolată copiilor*)
am dat premii la doi copii
„și el și s-au închinat la Simion vodă" (M. Costin)
„au dat Catargiul știre la boeri, ce era lîngă Ion vodă" (M. Costin)

Wie aus der gegebenen Aufstellung hervorgeht, besteht eine echte formale Koinzidenz zwischen Genitivkonstrukten und Dativkonstrukten nur im heutigen Bulgarisch. Im Neugriechischen wird das Indirekte Objekt durch ein Präpositionalkonstrukt vom Genitivattribut unterschieden. Das Albanische charakterisiert den Genitivausdruck durch den Genitivartikel und den Dativausdruck durch klitische pronominale Verdoppelung. Im Rumänischen werden in verschiedenen Verteilungen alle vier Möglichkeiten (formale Koinzidenz, Präpositionalkonstrukt, Klitisierung, Genitivartikel) verwirklicht, wodurch es sich wiederum zeigt, dass das Rumänische nicht nur aus romanischer Sicht, sondern auch aus der Sicht der Balkansprachen immer wieder eigene Wege geht. Die unähnliche Ähnlichkeit wiederholt sich beim pronominalen Possessivdativ, der im Rumänischen in der Regel verbal (cf. 9.4.), im Bulgarischen (cf. Mišeska Tomić 2006, 101–106) und im Neugriechischen (Mišeska Tomić 2006, 214–218) in der Regel nominal klititisiert wird (cf. rum. *mi-am lăsat valiza la gară* vs. bg. Поговорихме за работата ми ‚wir sprachen über unsere Arbeit', ngr. άφισα τη βαλίτσα μου στο σταθμό).

12.4 Affine Zahlenbildungen

Im Gegensatz zu den westromanischen Sprachen, aber in Konkomitanz mit dem Bulgarischen und dem Albanischen sind im Rumänischen für die Kardinalzahlen von 11 bis 19 und für die Zehner von 20 bis 90 durchgehend analytische Neubildungen eingeführt worden nach den Schemata:

<Grundzahlwort + auf + zehn>
<Grundzahlwort + zehn>

fr. *onze, douze, treize, quatorze, quinze, seize, dix-sept, dix-huit, dix-neuf*
rum. *unsprezece* (unus super decem), *doisprezece, treisprezece, paisprezece, cincisprezece, șaisprezece, șaptesprezece, optsprezece, nouăsprezece*
bg. единайсет, дванайсет, тринайсет, четиринайсет, петинайсет, шестнайсет, седемнайсет, осемнайсет, деветнайсет
alb. *njëmbëdhjetë, dymbëdhjetë, trembëdhjetë, katërmbëdhjetë, pesëmbedhjetë, gjashtëmbëdhjetë, shtatëmbëdhjetë, tetëmbëdhjetë, nëntëmbëdhjetë*

fr. *vingt, trente, quarante, cinquante, soixante, soixante-dix/septante, quatre-vingts/huitante, quatre-vingt-dix/nonante*
rum. *douăzeci, treizeci, patruzeci, cincizeci, șaizeci, șaptezeci, optzeci, nouăzeci*
bg. двадесет, тридесет, четиридесет, петдесет, щестдесет, седемдесет, осемдесет, деветдесет
alb. *njëzet, tridhjetë, dyzet, pesëdhjetë, gjashtëdhjetë, shtatëdhjetë, tetëdhjetë, nëntëdhjetë*

Da diese Bildungen auch in anderen slawischen Sprachen vorkommen (cf. russ. одиннадцать ‚11', двадцать ‚20') dürfte das Slawische das Gebermodell gewesen sein. Bei den Zehnern unterscheidet sich allerdings das Rumänische dadurch, dass es das Wort für ‚zehn' pluralisiert (*zece* > *zeci*). Das Albanische zeigt wie das Französische Reste einer Vigesimalzählung.

Bei den Ordinalzahhalen besteht eine gewissen Ähnlichkeit zwischen dem Rumänichen und dem Albanischen darin, dass beide als Grundlage die Kombination <Genitivartikel/Demonstrativadjektiv + Kardinalzahl> verwenden, im Rumänischen aber mit hypertropher Demonstrativität (cf. 11.1.):

rum. *al doilea/a două* (< *doi/două*), *al unsprezecelea/a unsprezecea* (< *unsprezece*)
alb. *i, e dytë* (< *dy*), *i,e njëmbëdhjetë* (< *njëmbëdhjetë*)

12.5 Affine Verbalkonstruktionen

Im verbalen Bereich finden sich gewisse Parallelen bei der Bildung des Futurs, beim Supinum, bei der Konstruktion von Objektsätzen und beim Fehlen der *consecutio temporum*.

Die Futurbildung

Für die Bildung des Futurs kommen in den Standardsprachen des Balkans folgende Muster vor:

Rumänisch

> Ind. Präs.
> cânt ‚ich singe'/cânți/cântă/cântăm/cântați/cântă
> Ind. Fut.
> voi/vei/va/vom/veți/vor + cânta
> oi/ei, îi/a, o/om/eți, îți/or + cânta
> am să cant/ai să cânți/are să cânte/avem să cântăm/aveți să cântați/au să cânte
> o să + cânt/cânți/cânte/cântăm/cântați/cânte

Bulgarisch

> Ind. Präs.
> аз чета ‚ich lese'/ти четеш/той тя то чете/ние четем/вие четете/те четат
> Ind. Fut.
> аз ще чета/ти ще четеш/той тя то ще чете/ние ще четем/вие ще четете/те ще четат
> NB Ind. Fut. verneint
> Das verneinte Futur wird in der Regel mit dem unveränderten няма да + konjugierte Präsensform des Verbs (perfektiv) gebildet: няма да почерпя колегите ‚ich werde die Kollegen nicht einladen'

Makedonisch

Ind. Präs.
(jac) патувам ‚ich reise'/(ти) патуваш/(тoj таа тоа) патува/(ние) патуваме/(вие) патувате/(тие) патуваат
Ind. Fut.
(jac) ќе патувам/(ти) ќе патуваш/(тoj таа тоа) ќе патува/(ние) ќе патуваме/(вие) ќе патувате/(тие) ќе патуваат

Albanisch

Ind. Präs.
afròj ‚ich bringe näher', afròn/afròn/afrojmë/afroni/afrojnë
Ind. Fut.
do (të) + afròj/afròsh/afrojë/afrojmë/afroni/afrojnë

Neugriechisch

Indik. Präs.
γράφω ‚ich schreibe'/γράφεις/γράφει/γράφομε, γράφουμε/γράφετε/γράφουν
Ind. Fut. durativ/imperfektiv
θα + γράφω/γράφεις/γράφει/γράφουμε/γράφετε/γράφουν
Ind. Fut. punktuell/perfektiv
θα + γράψω/γράψεις/γράψει/γράψουμε/γράψετε/γράψουν

Allen diesen Konjugationen ist ein Grundkonstrukt <‚wollen' im Präsens als Auxilierung + semantisches Hauptverb> gemeinsam. Dieses Grundkonstrukt kommt in vielen Sprachen vor. Wenn man etwas will, hofft man auch, dass es bald eintritt bzw. man handelt gleich danach. Das Wollen impliziert also etwas Zukünftiges, sodass die Verben des Wollens immer wieder auch futurisch gebraucht werden, um dann zu grammatikalisierten Morphemen für die Konjugation des Futurs zu werden. Ähnliches gilt für das ‚sollen'. Es ist kaum zu entscheiden, wo solche Konstrukte spontan oder durch Imitation entstehen; sie können auch durch die Verbreitung religiöser Zukunftsvorstellungen über das, was kommen soll oder muss, begünstigt werden (cf. Țâra 2008, 214: „Am identificat un număr însemnat de ocurențe în care sensul de viitor al structuri sintagmatice *habeo* + infinitiv se datorează unor contexte specific creștine".) So finden wir diese Verben als konjugierte oder fossilisierte Auxiliarformen für die Bildung des Futurs nicht nur in den westromanischen Sprachen (z.B. pg. *cantarei* < CANTARE HABEO), sondern auch im Niederländischen (*ik zal/we zullen praten*), im Englischen (*he will speak*) oder im Norwegischen (*jeg skal/vil komme*). Die Bildung kann rekursiv sein. Im Portugiesischen hat die normale Futurform *farei* ‚ich werde machen' ihre obligative Nuance verloren, so dass hierfür die Periphrase *hei-de fazer* gebildet worden ist.

Betrachtet man die Futurkonstrukte der genannten Balkansprachen näher, können wir folgende Variationsmomente feststellen:
  a. Das Auxiliar ‚wollen' wird konjugiert
  b. Das Auxiliar ‚wollen' ist in der dritten Person Singular fossilisiert
  c. Das Auxiliar ‚wollen' steht vor dem semantischen Hauptverb
  d. Das Auxiliar ‚wollen' steht Hinter dem semantischen Hauptverb
  e. Das semantische Hauptverb steht im Infinitiv
  f. Das semantische Hauptverb steht im Indikativ Präsens
  g. Das semantische Hauptverb steht im Konjunktiv
  h. Als Auxiliar wird obligatives ‚haben' verwendet

Dass die unveränderliche Futurpartikel auf eine Fossilisierung der dritten Person Singular Präsens Indikativ des Verbs ‚wollen' zurückgeht, hatte schon M. Bréal erkannt:

„En grec moderne, le futur se marque au moyen de la particule θα suivie du subjonctif: θα λέγῃ, ‚il dira'. Cette particule θα n'est pas autre chose que l'amalgame du groupe θέλει ἵνα, ‚il veut que'.‚Dans le dialecte épirote, au lieu de θα, on trouve encore θελά."' (Bréal 1897, 173)

Das bulgarische ще stammt von Verb хощѫ ‚ich will', das albanische *do* ist die dritte fossilisierte Person fossiliert von *dua* ‚ich will' und das rumänische *o* dürfte auf VOLET zurückgehen. Wie das Griechische zeigt, ist die Entwicklung dieser Partikel eine langsame gewesen, im Altrumänischen ist z. B. die Form *o* noch nicht belegt (Frâncu 2009, 116).

Die größte Formentfaltung dürfte das Rumänische vorweisen. Es ist die einzige Sprache des Balkanraums, die das Konstrukt <konjugiertes Präsens

von ‚wollen' + Infinitiv des semantischen Hauptverbs> standardisiert hat. Es ist seit den ersten Texten belegt, wobei im Altrumänischen das Auxiliar vor oder nach dem Infinitiv stehen konnte (*voi-da* und *da-voi*; Frâncu 2009, 115). Schon seit den ersten Texten wird auch das Konstrukt <konjugiertes Präsens von ‚haben' + Infinitiv> gebraucht (z.B. *am a grăi*), das dann durch Ersetzung des Infinitivs durch den Konjunktiv zum sogenannten „viitor popular" (*am să cînt*, mit obligativer Nuance) geführt hat (Zamfir 2006; Frâncu 2009, 117). Das Konstrukt <*o să* + Konjunktiv> wird eher informell und mündlich gebraucht (Papahagi 2014, 327), wie im folgenden Beispiel von Sabina Cantacuzino: „O să iasă ceva din acest băiat." In älteren Texten findet man auch <*a vrea* + Konjunktiv> mit futurischer Bedeutung: „Nestiutoare fire omeniască de lucruri ce vor să fie pre urma." M. Costin).

Im Gegensatz zum Rumänischen ist im Bulgarischen das Konstrukt <fossilisierte Form ‚er will' + Indikativ Präsens des semantischen Hauptverbs> standardisiert worden, und parallel dazu für die Verneinung <‚nicht hat' + Konjunktion да + Indikativ Präsens>. Allerdings hat Bolocan (1967) gezeigt, dass das Futur in der Umgangssprache („în vorbirea curentă sau în cea populară") auch noch sehr verschiedene Konstrukte annehmen kann:

<invariables šte + da + perfektives Hauptverb im Präsens>: šte da piša
<konjugiertes šta, šteš etc. + konjugiertes Hauptverb im Präsens>: šta piša, šteš pišeš etc.
<konjugiertes šta, šteš etc. + da + konjugiertes Hauptverb im Präsens>: šta da piša, šteš da pišeš etc.
<invariables ima ‚hat' + da + konjugiertes Hauptverb im Präsens>: ima da piša, ima da pišeš etc.
<konjugiertes imam, imaš etc. + da + konjugiertes Hauptverb im Präsens>: imam da piša, imaš da pišeš etc.

Im Altkirchenslawischen findet sich die Konstruktion <wollen + Infinitiv> mit futurischer Bedeutung (Bielfeldt 1961, §287). Im älteren Bulgarisch bestand noch ein Infinitivkonstrukt wie im Rumänischen:

<Infinitiv des Hauptverbs + konjugiertes Auxiliar šta, šteš, šte, štem, štete, štat>: pisa-šta, pisa-šteš etc.

<konjugiertes Auxiliar šta, šteš etc. + Infinitiv des Hauptverbs>: šta pisa, šteš pisa etc.

Das Serbische hat dagegen diese Konstruktion bewahrt:

читаћу ‚ich werde lesen'/читаћеш/читаће/читаћемо/читаћете/
читаће
хоћу-ли читати? ‚werde ich lesen?'
нећу читати ‚ich werde nicht lesen'

Im Makedonischen wird das Futur ähnlich wie im Bulgarischen mit der unveränderlichen Partikel ќе und den Präsensformen des betreffenden Verbs gebildet (Oschlies 2007, 80). Im Albanischen wird das Futur mit dem Konstrukt <unveränderliches *do* + (Konjunktion *të*) + Hauptverb im Konjunktiv Präsens> ausgedrückt, wobei die Konjunktion in der gesprochenen Sprache gewöhnlich weggelassen wird (Mëniku/Campos 2012, 122). Im Neugriechischen wird das Futur durch die Partikel θα signalisiert, das Hauptverb kann je nach Aspekt einen präsentischen oder einen aoristischen Stamm annehmen. Der Kontrast zwischen Rumänisch und den übrigen sogenannten Balkansprachen ist evident. Hier haben wir eine fossilisierte Verbform als Partikel, dort ein voll konjugiertes Auxiliar mit einem Infinitiv. Dem Rumänischen am Ähnlichsten ist noch das ältere Bulgarisch, was eine längere Symbiose von Romanen und Slawen im Donauraum erklären könnte.

Das sogenannte Supinum

Während das Rumänische vier verschiedene infinite Verbformen kennt (Infinitiv, Gerundium, Partizip Perfekt, Supinum), besteht im Albanischen nur eine Partizipform (Buchholz/Fiedler 1987, 1.2.26.2.). Vermutlich hat das Albanische nie einen synthetischen Infinitiv gehabt (Demiraj 1993, §46, 49). Das Partizip dient einerseits zur Bildung der zusammengesetzten Tempora (cf. die Übersicht in Solano 1972, 104–107). Andererseits übernimmt es als einzige infinite Form auch Funktionen, die in anderen indoeuropäischen Sprachen der Infinitiv, das Gerundium, im Rumänischen auch das sogenannte Supinum innehaben. Hieraus ergibt sich eine gewisse funktionale Ähnlichkeit zwischen dem rumänischen Supinum und einigen Funktionen des albanischen „Supinum".

Wie im Rumänischen (cf. 9.1.) kann das albanische Supinum als Verbalabstraktum dienen. Allerdings steht dann im Gegensatz zum Rumänischen der bestimmte (feminine oder neutrale) Artikel davor, obwohl das Albanische sonst den Artikel postponiert: *dal/e dalë* ‚das Ausgehen', *them/e thënë* ‚das Sagen', *lë/e lënë* ‚das Verlassen', *vij/të ardhur* ‚das Kommen', *fle/të fjetur* ‚das Schlafen', *marr/të marrë* ‚das Nehmen' (Solano 1972, 141–142).

Präpositional wird das albanische Supinum für infinite Nebensätze und für die Thematisierung des Prädikats verwendet (Mëniku/Campos 2012, 200–202; Hetzer/Finger 2006, 147), wobei sich teilweise morphosyntaktische Parallelen mit dem Rumänischen ergeben:

alb. *Ai erdhi për të punuar* ‚Er kam, um zu arbeiten' vs. rum. *a venit să lucreze/a venit pentru a vorbi cu șeful*

alb. *Kam për të punuar* ‚ich habe zu arbeiten' vs. rum. *mai am de lucrat*

alb. *E gjeta Gëziminduke punuar* ‚ich fand G. bei der Arbeit' vs. rum. *l-am găsit lucrând*

alb. *E kalova ditën pa bërë asgjë* ‚ich habe den Tag verbracht, ohne etwas zu tun' vs. rum. *mi-am petrecut toată ziua fără să fac nimic*

alb. *me të folur u largua* ‚nachdem er gesprochen hatte, ging er hinaus' vs. rum. *după ce vorbise sa-dus, după vorbit altfel, el a dispărut*

alb. *është për t'u çuditur* ‚es ist erstaunlich' vs. rum. *este de mirat*

alb. *një shtëpi për të shitur* ‚ein Haus zu verkaufen' vs. rum. *o casă de vânzare*

alb. *lehtë për të bërë* ‚leicht zu machen' vs. rum. *ușor de făcut*

alb. *Për të rënë ka rënë mjaft* ‚geschneit hat es genug' vs. rum. *de nins a nins destul*

Es ist schwer zu sagen, ob die Supina im Rumänischen und im Albanischen eigene Schöpfungen oder das Ergebnis von Sprachkontakten sind. Ihre Ökonomie im jeweiligen Sprachsystem ist allerdings ziemlich verschieden.

Konjunktionale Objektsätze

Im Gegensatz zu den westromanischen Sprachen verwendet das Rumänische wie die übrigen Balkansprachen zur Einleitung von deklarativen und volitiven Objektsätzen verschiedene Konjunktionen:

rum. „Găsește că insist prea mult, mă sfătuiește să plec" (Iluțiu) ‚Er findet, dass ich zu viel insistiere, er rät mir, wegzugehen'
bulg. „Мисля, че си гладна" ‚ich denke, dass du hungrig bist', „Искам да се кача" ‚ich will einsteigen' (Ehrismann-Klinger/Pavlova)
alb. „Besoj se Butrinti do të jetë me shumë interes për ata" , ich glaube, dass Butrint von großen Interesse für sie sei', „Unë dua të shkoj në Itali" ‚ich will nach Italien gehen' (Mëniku/Campos)
ngr. „Νομίζω ότι έχει δίκιο" ‚ich glaube, dass er Recht hat' (Reumuth/Militsis), „Ο Γιάννης θέλει να αγοράσει το σπίτι" ‚Johann will das Haus kaufen' (Kahl/Metzeltin 2015, 159; cf. auch Holton/Mackridge/ Philippaki-Warburton 2012, 543–551: ότι/πως vs. να).

Die Unterscheidung ist schon im Altkirchenslawischen vorhanden (*иако* vs. *да*, cf. Vaillant 1948, §258). Der Auslöser könnte die griechische Volkssprache gewesen sein, wie es vermutlich der Fall war in den süditalienischen Varietäten (Rohlfs 1969, §786-a). Dabei kennt das Rumänische wie auch das Bulgarische (Ehrismann-Klinger/Pavlova 2004, 127) im Gegensatz zum Albanischen (Mëniku/Campos 2012, 219) keine *consecutio temporum*.

12.6 Die Postponierung des bestimmten Artikels

Die lokale (und temporale?) Deixis ist von großer Bedeutung für eine möglichst deutliche Kommunikation. Referenmäßig betrifft sie grundsätzlich Personen und Gegenstände, ausdrucksmäßig wird sie dementsprechend Nomina bestimmen. Dabei dürfte es unerheblich sein, ob die entsprechenden Ausdrücke – Demonstrativadjektive und Artikel – vor oder nach dem Substantiv stehen. Die Postponierung ist üblich im Kreolischen von Guadaloupe (*van-la* ‚der Wind' < fr. *là*, cf. Poullet/Telchid 1990, 1), sie kommt aber auch im Spanischen vor („con intención evocativa" und in „enunciados expresivos y exclamativos", S. Fernández 1951, §157), im Katalanischen (*les set muntanyes aquestes*, Badía 1962, §119) und regional auch im Portugiesischen (*figuêra aquela*, Louro 1946, 88), während sie im Französischen und im Italienischen nicht möglich ist (**l'homme ce/celui*, **l'uomo questo*).

Die Postponierung des bestimmten Artikels als ein das Rumänische charakterisierendes Merkmal hatte schon der siebenbürgische Schriftsteller und Philologe Ion Budai-Deleanu (1760–1820) in seinen *Fundamenta grammatices linguae romaenicae* bemerkt:

> „(limba romană) din cauza numeroaselor alterări care s-au produs în decursul timpului, a ajuns foarte diferită de cea latină. Cele mai însemnate dintre aceste alterări sunt: I Postpunerea articolului." (Budai-Deleanu 1970, *Prefață*)

Den frappanten Unterschied zu den westromanischen Sprachen aufgrund der Postponierung des bestimmten Artikels hat kurz darauf auch François Raynouard festgehalten (cf. 12.1.), wenig später reiht Jernej Kopitar aufgrund desselben Merkmals das Rumänische und das Bulgarische dem Albanischen an (cf. 12.1.). Miklosich (1861, 7) weist dann auf „Die unromanische Stellung des dem Slawischen ursprünglich fremden Artikels hinter dem Nomen".

In der Tat bestehen im Rumänischen, im Bulgarischen und im Albanischen folgende gemeinsame Muster:

<Substantiv + bestimmter Artikel>
rum. *omul* ‚Mann-der', bulg. *ученикът* ‚Schüler-der', alb. *studenti* ‚Student-der'
<Adjektiv + bestimmter Artikel + Substantiv>
rum. *frumoasa fată* ‚schön-das Mädchen', bulg. *немското момиче* ‚deutsch-das Mädchen', alb. *i bukuri trim* ‚schön-der Held'
<Substantiv + bestimmter Artikel + Adjektiv>
rum. *fata frumoasă* ‚Mädchen-das schöne', bulg. -, alb. *vajza e re* ‚Mädchen-das das junge'
<Demonstrativ+ Substantiv>
rum. *acest om*, bulg. *този наспрт*, alb. *ky student*
<Substantiv + bestimmter Artikel + Demonstrativadjektiv + Demonstrativsuffix>

rum. *omul acesta* ‚Mann-der dieser-da', bulg. -, alb. -
<Demonstrativadjektiv + Substantiv + bestimmter Artikel>
rum.-,bulg.-, alb. *ajo shtëpia* ‚jenes Haus-das'

Trotz der Ähnlichkeit dieser Muster sind sie im Detail wieder unähnlich. Das Bulgarische kann das Adjektiv nicht postponieren und kennt auch nicht den Gebrauch des Artikels in Konkomitanz mit einem Demonstrativum. Letzteres Konstrukt kommt aber im Makedonischen vor (cf. „Toj trgovecot imal edno dete" ‚dieser Kaufmann-der hatte ein Kind', Mišeska Tomić 2006, 14). Die Serialisierung <Demonstrativum + Substantiv + bestimmter Artikel> ist dem Rumänischen und dem Bulgarischen unbekannt. Die Verdoppelung eines Demonstrativum mit dem bestimmten Artikel kommt auch in anderen Sprachen vor (cf. ngr. αυτό το αυτοκίνιτο ‚dieses das Auto', neapolitanisch *chillo 'o professò* ‚jener der Professor', cf. LRL Art. 275, §2.2). Es dürfte kaum möglich sein, die Sprache zu bestimmten, die das Muster ausgelöst hat. Es könnte eher das Rumänische in Frage kommen als die einzige Sprache, die auch die Demonstrativa postponiert.

12.7 Sprachbund oder Kulturgemeinschaft?

Ein Bund geht auf bewusste, explizite Abmachung zurück, in diesem Sinne wären das Serbokrotaische oder das Dolomitemnladinische als Kompromiss zwischen verschiedenen Varietäten ein Sprachbund.
 Es stimmt, dass zahlreiche Wörter oder Semantismen zwei oder mehreren Balkansprachen gemeinsam sind, man denke z.B. an rum. *a pregăti*, bg. *приготвя*, alb. *përgatís* ‚vorbereiten, zubereiten' (Grundwort: slaw. * *gotъ*), alb. *shtëpi*, ngr. σπίτι ‚Haus' (Grundwort: lat. *hospitium*) oder an die Konjunktionen rum. *și*, bg. *и*, alb. *dhe*, ngr. και, die zugleich ‚und/auch' bedeuten können. Ihre genaue Verteilung kann unter diesen Sprachen sehr verschieden sein (cf. Sandfeld 1930, Chap. II). Diese gemeinsamen Wörter und Semantisme weisen auf langwährende Kontakte hin, die aber auf keine Abmachung zurückgehen. Wie haben es eben nicht mit einem Sprachbund zu tun, sondern mit einer losen, nicht mehr aktiven Kulturgemeinschaft, die ihre Grundlagen in der romanisch und albanisch geprägten Hirtenwirtschaft (cf. Kahl 2007), der eher slawisch geprägten Landwirtschaft (cf. rum. *plug*, bg. *плуг*, alb. *plug*), der griechisch-

slawisch geprägten Orthodoxie (man denke nur an die lange Liste der Slawismen in den frühern rumänischen Psaltern, Candrea 1916, ccxxxi–ccxxxii) und frühen Verwaltung und der späteren osmanischen politischen Herrschaft (cf. LRL Art. 195, §3.4. für die Turzismen im Rumänischen) zu suchen sind. Trotz dieser langwährenden Kulturgemeinschaft ist die Grammatik wenig und nicht systematisch tangiert worden. Und auch da, wo es dem ersten Anschein nach auffallende Parallelen gibt, sind diese bei näherem Betrachten deutlicher zu nuancieren.

Bei den Personalpronomina unterscheidet das Rumänische sowohl unbetonte als auch betonte Dativformen von Akkusativformen wie auch das Bulgarische, das Neugriechische aber nur bei den unbetonten Formen, das Albanische kennt die Unterscheidung nicht.

Eine echte formale Koinzidenz zwischen Genitivkonstrukten und Dativkonstrukten besteht heute nur im Bulgarischen. Im Neugriechischen wird das Indirekte Objekt durch ein Präpositionalkonstrukt vom Genitivattribut unterschieden. Das Albanische charakterisiert den Genitivausdruck durch den Genitivartikel und den Dativausdruck durch klitische pronominale Verdoppelung. Im Rumänischen werden in verschiedenen Verteilungen alle vier Möglichkeiten (formale Koinzidenz, Präpositionalkonstrukt, Klitisierung, Genitivartikel) verwirklicht. Die unähnliche Ähnlichkeit wiederholt sich beim pronominalen Possessivdativ, der im Rumänischen in der Regel verbal, im Bulgarischen und im Neugriechischen in der Regel nominal klitisiert werden.

Die analytischen Zahlenbildungen von 11 bis 19 und der Zehner sind zwar typisch für Rumänisch, Bulgarisch und Albanisch, sie kommen aber auch in slawischen Sprachen fern vom Balkan vor. Bei den Zehnern unterscheidet sich das Rumänische dadurch, dass es das Wort für ‚zehn' pluralisiert. Bei den Ordinalzahhalen besteht eine gewisse Ähnlichkeit zwischen dem Rumänischen und dem Albanischen im Gebrauch der präponierten bestimmten Artikel.

In der Bildung des Futurs ist der Kontrast zwischen Rumänisch und den übrigen sogenannten Balkansprachen evident. Hier haben wir eine fossilisierte Verbform als Partikel, dort ein voll konjugiertes Auxiliar mit einem Infinitiv. Dem Rumänischen am Ähnlichsten ist noch das ältere Bulgarisch, was eine längere Symbiose von Romanen und Slawen im Donauraum erklären könnte. Schwer zu sagen ist, ob die Supina im Rumänischen und im Albanischen eigene Schöpfungen oder das Ergebnis von Sprachkontakten sind. Ihre Ökonomie im jeweiligen Sprachsystem ist allerdings ziemlich verschieden.

Deutlich unwestromanisch, aber auf dem Balkan allgemein verbreitet ist die Einleitung von deklarativen und volitiven Objektsätzen mit verschiedene Konjunktionen. Und wie schon Kopitar sagte, bringt die Postponierung des bestimmten Artikels das Rumänsiche, das Bulgarische/Makedonische und das Albanische zusammen, auch wenn auch hier wiederum im Detail Konstruktunterschiede deutlich werden.

Die besondere Stellung des Rumänischen zwischen der Westromania und der Balcania können wir mit noch mit einem weiteren Beispiel hervorheben. Das Italienische, das Rumänische und das Albanische kennen die nominale Klasse der Ambigenen. Im Italienischen ist diese Klasse stark regressiv (cf. 9.3.). Das Gleiche gilt für das Albanische. Fulvio Cordignano lieferte noch folgende Beschreibung:

„Tutti i nomi maschili che al plurale escono in *e, et,* diventano, in questo numero, femminili. *Kujtim, -i* (m.), ricordo; *kujtime, -t* (f.), i ricordi; *Mal, -i* (m.), il monte; *male, -t* (f.), le montagne; *ulluk, -u* (m.), la grondaia; *ulluqe, -t* (f.), le grondaie". (Cordignano 1931, 18)

Vierzig Jahre später muss Francesco Solano feststellen:

„Il neutro, benché ancor vivo in una vasta area della lingua parlata, sia in Albania che nelle comunità albanesi dimoranti fuori del territorio nazionale, è quasi in disuso nelle lingua scritta odierna e va rapidamente scomparendo anche dalla lingua parlata. Esso viene sostituito col maschile o con il femminile." (Solano 1972, 9)

Die Beschreibung der Neutra könnte auch für die rumänischen Ambigenen passen:

„Il neutro in albanese, in genere, indica materia o, meglio, ‚massa di materia' e nozioni astratte. Esempi di nomi neutri: ujë ‚acqua', grurë ‚grano', mish ‚carne', ecc. I participi e gli aggettivi sostantivati indicanti una astrazione o un'azione sono ugualmente neutri: të àrdhurit ‚la venuta, l'azione di venire'; të ngrënët ‚il mangiare' ma anche ‚il cibo'; të mirët ‚il bene, ciò che è buono'." (Solano 1972, 10)

Aber nur das Rumänische hat die Klasse der Ambigenen voll entwickelt. Wie sinnvoll ist es, aufgrund eines einzigen grammatischen Merkmals eine Kerngruppe von Sprachen zu „stiften", hier aufgrund der „Ambigenität" das Rumänische mit dem Italienischen und dem Albanischen, dort aufgrund des postponierten bestimmten Artikels das Rumänische mit dem Bulgarischen und dem Albanischen? (Solta 1980, 7). Für die sprachtypologische Betrachtung des Rumänischen sind zwar seine Affinitäten zum Westromanischen und zu den Balkansprachen als Grundlage zu verwenden, aber eigentlich interessant ist das Unähnliche in der Ähnlichkeit.

12.8 Die Modernisierung des Rumänischen

Die Modernisierung des Rumänischen ist vor allem durch die Ersetzung und die Bereicherung des Wortschatzes realisiert worden. Modernisierung in der Gesellschaft bedeutet Veränderungen in der Konzeption des Gemeinwesens mit dem Ausbau von Verfassung, Rechtsprechung, Verwaltung, Erziehung, gleichzeitig entfalten sich immer stärker der Handel, das Transportwesen und die Technik. Die Aktivitäten in diesen Bereichen erfordern eine starke Entwicklung von Verbalabstrakta und Berufsbezeichnungen. Dabei spielt Imitation der Strukturen anderer Länder und dementsprechend der Sprachen dieser Länder eine große Rolle. Radu Rosetti stellt fest, dass unter Alexandru Ioan Cuza „s-a copiat în chip absolut servil administrația franceză în toate ramurile serviciului public" (2012, 181). Ältere Bezeichnungen werden ersetzt und in der formellen Sprache zu Archaismen, halten sich teilweise in der Umgangssprache oder verschwinden ganz aus dem Gebrauch.

Die Verbalabstrakta

Die häufigsten Verbalabstrakta im älteren Rumänisch dürften die Wörter mit den slawischen Suffixen *-enie/-anie* sein, wobei der Stamm slawisch (*jelanie*) aber auch romanisch sein kann (*curățenie*). Das *Dicționar invers* der Rumänischen Akademie von 1957 verzeichnet 394 Wortformen auf *-enie* (die Zahl soll als Orientierung gelten, denn nicht alle Eintragungen entsprechen einem echten Gebrauch entsprechen und manche sind keine Verbalabstrakta). Älteres *supușenie* ist aber durch späteres *cetățenie*, älteres *sfîrșenie* durch späteres *sfîrșit* und *fine* ersetzt worden. Heute dürfte dieses Suffix kaum mehr aktivierbar sein (cf. 9.1.).

Die Vertreter der Siebenbürgischen Schule im 18. Jahrhundert adaptieren vor allem Latinismen aus den Bereichen der Mathematik (*divizie, proporție*), der Grammatik (*propoziție*), aber auch allgemeine Termini wie *pretenție*. Dabei ziehen sie die Suffigierung auf -(*ț*)*ie* vor: „În introducerea latinismelor în limba culturii românești moderne ei (sc. Reprezentanții Școlii latiniste din Transilvania) s-au călăuzit de structuri lexicale preexistente și au generalizat o formă în -(*ț*)*ie* de adaptare a neologismelor latinești corespunzătoare formei latinești -*io*." (Niculescu 1978, 121). Ende des 18. Jahrhunderts und im 19. Jahrhundert werden in beträchtlichem Maß vor allem Gallizismen eingeführt. Daher ist die Suffigierung auf -(*ț*)*iune*, die auf italienische und französische Modelle zurückgeht, vor allem im 19. Jahrhundert stark: „o mare parte din neologismele de tipul -(*ț*)*iune* este atestată abia în jurul anului 1850. Ele sînt rezultatul stăbilizării relațiilor intense cu Occidentul romanic, cu italiana și cu franceza, deschise de clasele sociale mijlocii și de boiernași în căutarea contemporaneității, după 1825, odată cu Ion Heliade Rădulescu, Gh. Asachi și cu ceilalți scriitori (Mumuleanu, Cîrlova, Alexandrescu, Negruzzi)." (Niculescu 1978, 121) Das *Dicționar invers* der Rumänischen Akademie von 1957 (die Zahlen sind wieder nur orientierend) verzeichnet 787 Wörter mit dem Suffix -*țiune* (Typ *înbibațiune* neben den Typen -*ciune/slăbăciune* 247, -*siune/presiune* 73, -*tiune/jitiune* 13, -*xiune/flexiune* 10, -*ziune/ocaziune* 54) und 1339 Wörter mit dem betontem oder unbetontem Suffix -*ție* (neben den Typen -*zie/ocazie* 150 und -*xie/ortodoxie* 21). Die heutige Verwendung scheint aufgrund von Google-Suche schwankend. So dürfte heute *operație* der Form *operațiune* vorgezogen werden. Bei *divizie* und *diviziune* dagegen wird eine semantische Unterscheidung deutlich: erstere und häufigere Form ist ein Terminus des Militärs und der Logik, letztere und weniger häufigere Form ist ein Terminus der Biologie.

Die unanalytische Übernahme von französischen Adverbien auf -*ment* dürfte dagegen keinem konzeptionellen, sondern einem sozial bedingten Bedürfnis entsprechen, zu zeigen, dass man sich kulturell nach dem westlichen, französischen Modell orientiert. So verwendet z.B. V. A. Urechia Formen wie *onestamente, eminamente* oder Sabina Cantacuzino das Adverb *literalmente* („Suiai pe două scări gemene în pridvorul literalmente acoperit de flori și plante urcătoare"). Das Das *Dicționar invers* der Rumänischen Akademie von

1957 verzeichnet 38 Belege für Adverbien auf -*mente*, das Suffix dürfte aber im Rumänischen bis heute kein aktives Morphem sein.

Die nomina agentis

Neue Aktivitäten bringen auch neue Berufe und entsprechende neue Bezeichnungen mit sich, andere Berufe und deren Bezeichnungen verschwinden. Für die Berufsbezeichnungen kennen alle romanische Sprachen *nomina agentis* mit bestimmten Suffixen. Als agentive Suffixe setzen sich seit dem Mittelalter nur wenige Muster produktiv durch, in erster Linie <-ATOR, -TOR, -OR bzw. im Rumänischen -TORIUS> (rum. *-tor*, it. *-tore*, fr. *-eur*, sp. pg. *-dor*: *cercetător, ricercatore, chercheur, investigador*) für die deverbalen und <-ARIUS> (rum. *-ar*, it. *-aio/-aro*, fr. *-ier*, sp. *-ero*, pg. *-eiro*: *văcar, vaccaio, vacher, vaquero, vaqueiro*) für die denominalen Ableitungen. Andere Typen (-INUS, -ISTA, Palatal + -ANUS, Partizip Präsens) dürften weniger häufig sein. Es können auch Dubletten mit demselben Stamm vorkommen (cf. it. *fioraio/fiorista*). Manche Ableitungen haben schon im Lateinischen stattgefunden und sind als Gesamtwort erbwörtlich tradiert (cf. it. *calzolaio* ‚Schuhmacher' < *calceolarium*), auch wenn man synchron eine deutliche Trennung zwischen Stamm und Suffix vornehmen kann (cf. rum. *căprar*, it. *capraio*, fr. *chevrier*, sp. *cabrero*, pg. *cabreiro* < *caprarium* ‚Ziegenhirt'). Die genaue Herkunft des Suffixes ist nicht immer klar. Rum. *-ar* kann aus dem Latein (*căprar* < *caprarium*), aber auch aus dem Bulgarischen (*zidar* < bulg. *zidar*), dem Französischen (*colecționar* < *collectionneur, gestionar* < *gestionnaire*) und dem Deutschen (*rigipsar* < *Regipser*) stammen.

Durch den Jahrhunderte alten Kontakt mit der osmanischen Verwaltung und Kultur hat das Rumänische für die Bezeichnungen von Berufen auch das entsprechende türkische Suffix *-ci* (>*-ciu/-giu*) übernommen, das bis ins zwanzigste Jahrhundert aktiv war:

Ableitungen von Verben
-(a)ciu: *cârmaciu* ‚Steuermann'/a *cârmi, cosaciu* ‚Mäher'/a *cosi, luptaciu* ‚Kämpfer'/a *lupta, mânaciu* ‚Treiber'/a *mâna*

Ableitungen von Substantiven
-(a)giu: *boiangiu* ‚Färber'/*boia, cafegiu* ‚Kaffeewirt'/*cafea, camionagiu* ‚Lastwagenfahrer'/*camion, canalagiu* ‚persoană care lucrează la canalizare'/*canal, calamburgiul* ‚autor de calambururi'/*calambur, gemagiu*

‚Glaser'/*geam*, *giuvaiergiu* ‚Juwelenhändler'/*giuvaier*, *laptagiu* ‚Milchmann'/*lapte*, *macaragiu* ‚Kranführer'/*macara*, *reclamagiu* ‚persoană care își face reclamă'/*reclamă*, *săpungiu* ‚Seifensieder'/*săpun*, *tinichigiu* ‚Spengler'/*tinichea* ‚Blech', *tutungiu* ‚Tabakhändler'/*tutun*

In einer Beschreibung Bukarests aus dem Ende des 19. Jahrhunderts kann man zu den Stadtberufen noch lesen:

„In den andern Stadtgegenden sieht man noch viel Orientalisches (…). Der *Sacagiu* bringt auf zweiräderigem Karren ein Faß Trinkwasser und ruft seine Käufer mit dem langgedehnten melancholischen Ruf ‚Aaop' (Wasser). Der *Bragagiŭ* an den Straßenecken verkauft Süßigkeiten und im Sommer aus seinem messingbeschlagenen Holzkrug das durststillende, graugelbliche, aus Hirse gebraute ‚Braga', für ‚cincĭ parale' (5 Cent.). Backwaren bietet der *Simigiu* feil; seine Spezialitäten sind ‚Plăcintă', Mehlteig mit Fleisch oder Käse gefüllt, und ‚Covrig', mit Sesam bestreute Brezeln." (Meyers Reisebücher, *Türkei. Rumänien, Serbien, Bulgarien*, Leipzig und Wien, Bibliographisches Institut, [5]1898, 102)

Durch die Modernisierung sind heute die Wasserträger (*sacagiu*) verschwunden, Hirsentrank-Verkäufer (*bragagiu*) dürfte es kaum mehr geben, der Brezelbäcker (*simigiu*) ist zum *covrigar* geworden, wie der *laptagiu* dem *lăptar* und der *săpungiu* dem *săpunar* gewichen sind. Als Zeichen der westorientierten Modernisierung verschwinden in der Standardsprache die Turzismen bzw. man lässt sie verschwinden. Findet bei Theodor Gartner das türkische Suffix als Ableitungsmorphem noch eigens Erwähnung („Das türk. suffix *-dží*, nach gewissen konsonanten *-čí*, nach gewissen vokalen der vorausgehenden silbe aber *-djî*, *-tşî*, haben die Rumänen in der form *-gíŭ*, *-cíŭ* aufgenommen, also mit dem *-u* der maskulina versehen." (Gartner 1904, 140), fehlt es in der Auflistung der Suffixe bei Pană Dindelegan (2013, § 14.1.2.6.). Die derart suffigierten Bezeichnungen fehlen aber durchaus nicht in der familiären Sprache (z.B. bei V. Bârna oder Gh. Jurgea-Negrilești).

Spaltsätze

Zur Hervohebung eines Satzglieds kennen alle westromanischen Sprachen seit dem Mittelalter relative Spaltsätze. Dabei wird die zu fokussierende Konstituente mit der Kopula verbunden und suprasegmental isoliert, während der Rest des Satzes in einen Relativsatz eingebettet wird:

it. *È Carlo che ti cerca*
fr. *C'est Charles qui le cherche*
sp. *Ha sido Juan quien lo ha hecho*
pg. *Foi a polícia que teve uma atitude de provocação*

Im Rumänischen wie auch allgemeiner in den Balkansprachen ist diese Art der Hervorhebung unüblich. Daher stellt Vincent Iluțiu in seinem Assimil-Lehrbuch den syntaktischen Kontrast zwischen Rumänisch und Französisch nach dem ‚Geist' der jeweiligen Sprache dar:

„Eu am avut ideea asta minunată acum două luni."/„[C'est moi qui] (J') ai eu cette idée merveilleuse il y a (maintenant) deux mois." (Iluțiu 1989, 89–90)
„și aici a început mișcarea de renaștere"/„et [c'est] ici [qu'] a commencé le mouvement de renaissance" (Iluțiu 1989, 291–292).

Die häufigste Fokussierungsstrategie im Rumänischen dürfte die Betonung sein, wie auch aus der Gegenüberstellung folgender Bibelübersetzungen ersichtlich ist (Matthäus 10, 20):

lat. *non enim vos estis qui loquimini, sed Spiritus Patris vestri qui loquitur in vobis*
it. *Poiché non siete voi che parlate, ma è lo Spirito del Padre vostro che parla in voi* (Übersetzung von G. Luzzi)
rum. *fiindcă nu voi veți vorbi, ci Duhul Tatălui vostru va vorbi în voi* (Übersetzung der British and Foreign Bible Society)

Sporadisch tauchen Beispiele von Spaltsätzen seit dem Ende des 18. Jahrhunderts vor allem in historiografischen und erzählenden Werken:

„Că nu sânteți voi carii graiți, ci Duhul Tatălui vostru easte Cel ce grăiaște întru voi" (Biblia de la Blaj, 1795)
„tu ești cel ce ne luai banii" (I. Golescu, *Starea Țării Rumânești*, 1818)
„nu-mi dădui seama de ce d. Stamati nu-mi punea niciodată o notă mai sus de trei, chiar când mi se părea că un *Em*. (Eminent) era ce mi se cuvenea." (V. A. Urechia 1840–1882)
„Maud era aceea care vorbea" (F. Neagu, 1971)
„El e acela care ocrotește țara noastră." (Gh. Jurgea-Negrilești 2007)
„Ei sunt cei care vor tot mai multă democrație pentru a se înstăpâni în România" (L. Boia 2011)

Sperrsätze sind noch seltener und scheinen eine ganz rezente Neuerung zu sein:

„ceea ce ne lipsește sunt de fapt calitățile manageriale pentru a fi competitivi" (Internet 2005) „ce ne lipsește sunt sălile" (Internet 2012)

Spaltsätze (auf Rumänisch *construcție relativă scindată*) scheinen im Rumänischen noch eher sporadisch und relativ jung zu sein. Darauf weist auch die Tatsache hin, dass die fokussierte Konstituente in der Regel das Subjekt ist. Sie sind bisher auch kaum grammatikografiert worden sind. Wir dürften es mit einer Nachahmung des Französischen zu tun haben, die es im schriftlichen Standard erlaubt, eine Konstituente syntaktisch hervorzuheben, die in der Mündlichkeit durch Betonung fokussiert würde (Metzeltin 2013, §42).

Ob die Frequenz der Konstruktion < Präposition + Infinitiv, v.gr. *face eforturi de a…/pentru a…* > anstatt der Konstruktion < (*ca*) *să* + Konjunktiv, v.gr. *face eforturi (ca) să…*> und die Frequenz des Gerundiums auch auf okzidentalisierende Reromanisierung zurückgehen, bleibt zu eruieren.

Bibliographie

NB: Sprachliche Belege, die kursiviert sind, stammen aus üblichen Lehrwerken. Belege in Anführungszeichen stammen von Autoren, die in Klammern angegeben sind; die schlichte Autorennennung soll nur angeben, dass die Beispiele nicht erfunden sind.

Academia Republici Populare Române, *Dicționar invers*, București, Editura Academiei Republicii Populare Române, 1957.
Academia Republici Populare Române, *Istoria limbii române*. Volumul I. Limba latină, București, Editura Academiei Republicii Populare Române, 1965.
Academia Română, *Dicționar ortografic, ortoepic și morfologic al limbii române*, București 1989, ²2005.
ARQUINT, JACHEN CURDIN, *Vierv ladin. Grammatica elementara dal rumantsch d'Engiadina bassa*, Cuoira, LR, ³1981.
Actes du premier congrès international des linguistes, Leiden, Sijthoff, s.a. (1928).
AVRAM, MIOARA, *Gramatica pentru toți*, București, Humanitas, ²1997.
BADÍA MARGARIT, ANTONIO M.ª, *Fisiognómica comparada de las lenguas catalana y castellana*, Barcelona, Academia de Buenas Letras, 1955.
BADÍA MARGARIT, ANTONIO M., *Gramática catalana*, Madrid, Gredos, 1962.
BARTOLI, MATTEO, *La spiccata individualità della lingua romena*, in: Studi Rumeni I–II (1927), 20–34.
BASSOLS DE CLIMENT, Mariano, *Sintaxis latina*, Madrid, CSIC, 1973.
BIONDELLI, BERNARDINO, *Saggio sui dialetti gallo-italici*, Milano 1853.
BIELFELDT, HANS HOLM, *Altslawische Grammatik*, Halle, Niemeyer, 1961.
BLAISE, ALBERT, *Manuel du latin chrétien*, Strasbourg, La Latin Chrétien, 1955.
BOERESCUL, VASILE, *Codicele Romane*, Bucurescĭi, C. Bolliac, 1865.
BOLOCAN, GH., *Observații cu privire la viitor în limba română și în bulgară*, in: Romanoslavica XIV (1967), 199–207.
BOSSONG, GEORG, *Die romanischen Sprachen. Eine vergleichende Einführung*, Hamburg, Buske, 2008.
BOURCIEZ, ÉDOUARD, *Éléments de linguistique romane*, Paris, Klincksieck, ²1923, ⁵1967.
BRÉAL, MICHEL, *Essai de sémantique (science des significations)*, Paris, Hachette, 1897.
BUCHOLZ, ODA/FIEDLER, WILFRIED, *Albanische Grammatik*, Leipzig, VEB, 1987.
BUDAI-DELEANU, ION, *Scrieri lingvistice*, București, Editura Științifică, 1970.
BURIDANT, CLAUDE, *Grammaire nouvelle de l'ancien français*, Paris, SEDES, 2000.
BUTT, JOHN/BENJAMIN, CARMEN, *A New Reference Grammar of Modern Spanish*, London, Arnold, ²1994.
CANDREA, I.-A., *Psaltirea Scheiană comparată cu celelalte psaltiri din sec. XVI și XVII traduse din slavonește*, București, SOCEC, 1916.
CATTANEO, CARLO, *Scritti letterari, artistici, linguistici e vari*, Firenze, Le Monnier, 1948, p. 209–237.

CHALKOKONDÝLES, LAÓNIKOS, Ἀποδείξεις Ἱστοριῶν (Historiarum demonstrationes), PG vol. 1599 und ed. E. Darkó, Budapest, Academia Litterarum Hungarica, 1922.

CONSTANTINESCU, N. A., *Dicționar onomastic romînesc*, București, Editura Academiei RPR, 1963.

COSERIU, EUGEN, *Limba română – Limbă romanică*, București, Editura Academiei Române, 2005.

COSTIN, MIRON, *Opere alese. Letopisețul Țării Moldovei. De neamul Moldovenilor. Viiața lumii.* Texte stabilite, studiu introductiv, note și glosar de Liviu Onu, București, Editura Științifică, 1967 (auch https://ro.wikisource.org/wiki/De_neamul_moldovenilor).

COTEANU, ION, *Elemente de dialectologie a limbii romîne*, București, 1961.

COTEANU, ION, *Gramatica de bază a limbii române*, București, Albatros, 1982.

CROMER, MARTIN, *De origine et rebus gestis polonorum*, Basileae 1555. (https://books.google.at/books?id=H0xpPj-DdH8C&pg=PA171&lpg=PA171&dq= Martini+Cromeri+de+origine+et+rebus+gestis+Polonorum+libri+XXX&source= bl&ots=o2JPEl7mRZ&sig=xjwN-hB3c99740-ZsLixUBD_3NU&hl=en&sa=X&ved= 0CEcQ6AEwCGoVChMIqpWlyISaxwIVrQfbCh0Y4At1#v=onepage&q=Martini%2 0Cromeri%20de%20origine%20et%20rebus%20gestis%20Polonorum%20libri%20X XX&f=false).

DAHMEN, WOLFGANG, *Externe Sprachgeschichte des Rumänischen*, in: RSG Artikel 66.

DEMIRAJ, SHABAN, *Historische Grammatik der albanischen Sprache*, Wien, ÖAW, 1993.

DENSUSIANU, OVID, *Histoire de la langue roumaine*, București, Editura „Grai și Suflet – Cultura națională", 1997.

DIETRICH, WOLF, *Griechisch und Romanisch. Parallelen und Divergenzen in Entwicklung, Variation und Strukturen*, Münster, Nodus Publikationen, 1995.

DIEZ, FRIEDRICH, *Grammatik der romanischen Sprachen*, Bonn, Weber, ⁴1876–1877, ¹1836–1838.

DIMA, EUGENIA/CORBEA-HOIȘIE, ANDREI (ed.), *Impulsul Iluminismului în traduceri românești din socolul al XVIII-lea*, Iași, Editura Universității „Alexandru Ioan Cuza", 2014.

DRAGOMIR, OTILIA, *Istoriia Țărâi Rumânești atribuită stolnicului Constantin Cantacuzino.* Ediție critică, studiu filologic, studiu lingvistic, glosar și indice de nume proprii de Otilia Dragomir, București, Editura Academiei Române, 2006.

DRAGOMIRESCU, ADINA, *Vechimea și evoluția supinului cu la*, in: SCL LXII (2011), 173–184.

DRAGOMIRESCU, ADINA, *Du latin au roumain: une nouvelle hypothèse sur l'origine du supin en roumain*, in: Revue de Linguistique Romane 77 (2013), 51–85.

DRH.D = Academia de Științe Sociale și Politice, *Documenta Romaniae Historica. D. Relații între Țările române.* Volumul I (1222–1456), București, Editura Academiei Republicii Socialiste România, 1977.

EHRISMANN-KLINGER, HILDEGARD/PAVLOVA, RUMJANA, *Pons Powerkurs für Anfänger Bulgarisch*, Stuttgart, Klett, ²2004.

ELIAN, ALEXANDRU/TANAȘOCA, NICOLAE-ȘERBAN, *Izvoarele Istoriei României. III Scriitori Bizantini (sec. XI–XIV)*, București, Editura Academiei Republicii Socialiste România, 1975.

ERNOUT, ALFRED/THOMAS, FRANÇOIS, *Syntaxe latine*, Paris, Klincksieck, ²1953.

EUSTATIEVICI, DIMITRIE, *Gramatica rumânească*, București, Editura Științifică, 1969.

FERNÁNDEZ RAMÍREZ, SALVADOR, *Gramática española. Los sonidos. El nombre y el pronombre*, Madrid, Revista de Occidente, 1951.

FILITTI, IOAN C., *Izvoarele Constituției de la 1866 (Originile democrației române)*, București, Tipografia Ziarului „Univers", 1934.

FRÂNCU, CONSTANTIN, *Gramatica limbii române vechi (1521–1780)*, Iași, Demiurg, 2009.

FUNCKE, WILHELM, *Sprachliche Untersuchungen zum Codice Diplomatico Longobardo*, Bochum-Langendree, H. Pöppinghaus, 1938.

GADET, FRANÇOISE, *Le français populaire*, Paris, PUF, 1992.

GANDOLFI, SUSANNA, *Zur Differentielle Objektmarkierung (DOM) im Sardischen*, in: SCHAFROTH, ELMAR/SELIG, MARIA (Hrsg.), *La lingua italiana dal Risorgimento a oggi*, Frankfurt M., Lang, 2014, 181–199.

GARTNER, THEODOR, *Darstellung der rumänischen Sprache*, Halle, Niemeyer, 1904.

GÄRTNER, EBERHARD, *Grammatik der portugiesischen Sprache*, Tübingen, Niemeyer, 1998.

GAUGER, MARTIN, *Les particularités de la langue roumaine*, in: ILIESCU, MARIA & SORA, SANDRA (Hrsg.), *Rumänisch: Typologie, Klassifikation, Sprachcharakteristik*, Veitshöchheim bei Würzburg 1995, 1–17.

GHEȚIE, ION (coord.), *Istoria limbii române literare. Epoca veche (1523–1780)*, București, Editura Academiei Române, 1997.

GIRARDIN, SAINT-MARC, *Souvenirs de voyages et d'études*, Paris, Amyot, 1853.

GIURGEA, ION, *The Origin of the Romanian „Possessive-Genitival Article" al and the Development of the Demonstrative System*, in: Revue Roumaine de Linguistique LVII (2012), 35–65.

GRAFSTRÖM, ÅKE, *Étude sur la morphologie des plus anciennes chartes languedociennes*, Stockholm, Almqvist & Wiksell, 1968.

GRAUR, AL., *Gramatica azi*, București, Editura Academiei Republicii Socialiste România, 1973.

GREVISSE, MAURICE, *Le bon usage*, Paris/Gembloux, Klett/Duculot, ¹²1986.

GRÖBER, GUSTAV, *Grundriss der romanischen Philologie*, Straßburg, Trübner, ¹1888–1902 (https://archive.org/stream/grundrissderroma13gruoft/grundrissderroma13gruoft_djvu.txt).

GUILLERMOU, ALAIN, *Manuel de langue roumaine*, Paris, Klincksieck, 1953.

HASDEU, B. PETRICEICU, *Cărțile poporane ale Românilor in secolul XVI*, Bucuresci, Rădulescu, 1879.

HASENSTAB, SUSANNE, *Das Rumänische im Kontext der Balkansprachbund-Theorie*, München, Grin-Verlag, 2010.

HOLTON, DAVID/MACKRIDGE, PETER/PHILIPPAKI-WARBURTON, IRENE, *Greek. A comprehensive Grammar*, London/New York, Routledge, ²2012.

HOURCADE, ANDRÉ, *Grammaire béarnaise*, Pau, Los caminaires, 1986.

ILIESCU, MARIA, *Die Präpositionalsyntagmen [Präp. + Art./0 + N] im Engadinischen und im Rumänischen*, in: Wunderli, Peter/Werlen, Iwar/Grünert, Matthias (Hg.), Italica – Raetica – Gallica. Studia linguarum litterarum artiumque in honorem Ricarda Liver, Tübingen/Basel, Francke, 2001, 615–625.

ILIESCU, MARIA, *Rumänisch*, in: OKUKA, MILOŠ (ed.), Wieser Enzyklopädie des europäischen Ostens. Band 10. Lexikon der Sprachen des europäischen Ostens, Klagenfurt, Wieser, 2002, 145–166.

ILIESCU, MARIA/POPOVICI, VICTORIA, *Rumänische Grammatik*, Hamburg, Buske, 2013.

ILUȚIU, VINCENT, *le roumain sans peine*, Chennevières-sur-Marne, Assimil, 1989.

IORGA MIHAIL, ANA-MARIA, *Realizarea analitică a dativului (la + acuzativ) în româna dialectală*, in: SCL LXIV (2013), 239–261.

KAHL, THEDE, *Sprache und Intention der ersten aromunischen Textdokumente, 1731–1809.* In: SYMANZIK, BERNHARD (Hg.): Festschrift für Gerhard Birkfellner zum 65. Geburtstag, Münster, Berlin, New York: LIT, 2006, 245–266.

KAHL, THEDE, *Hirten in Kontakt. Sprach- und Kulturwandel ehemaliger Wanderhirten (Albanisch, Aromunisch, Griechisch)*, Berlin/Wien, LIT, 2007.

KAHL, THEDE/METZELTIN, MICHAEL, *Sprachtypologie. Ein Methoden- und Arbeitsbuch für Balkanologen, Romanisten und allgemeine Sprachwissenschaftler*, Wiesbaden, Harrassowitz, 2015.

KOPITAR, JERNEJ, *Albanische, walachische u. bulgarische Sprache*, in: Jahrbücher der Literatur 1829, 59–106.

[VOLFFGANGUS KOVACSÓCZY], *De administratione Transylvaniae dialogus*, Claudiopoli 1584 és *Janus Pannonius – Magyarországi humanisták, 1225–1254*. Covacciocius/ http://www.tankonyvtar.hu/hu/tartalom/tkt/regi-magyar-irodalmi-1/ch27.html

KRAMER, JOHANNES, *Sprachwissenschaft und Politik. Die Theorie der Kontinuität des Rumänischen und der balkanische Ethno-Nationalismus im 20. Jahrhundert*, in: Balkan-Archiv N.F. 24/25 (1999/2000), 104–163.

KREFELD, THOMAS, *Rumänisch – mit „Abstand" ein Unikum*, „Rostocker Beiträge zur Sprachwissenschaft" 13 (2002), pp.65–82.

LEDGEWAY, ADAM, *Grammatica diacronica del napolitano*, Tübingen, Niemeyer, 2009.

LOMBARD, ALF, *La langue roumaine. Une présentation*, Paris, Klincksieck, 1974.

LIVESCU, MICHAELA, *Histoire interne du roumain: morphosyntaxe et syntaxe*, in: RSG Art. 223.

LOPE BLANCH, JUAN M. (coord.), *El habla popular de Ciudad de México*, México, UNAM, 1976.

LOURO, AMÍLCAR, *A mulher algarvia*, s. l., Editorial do Povo, 1946.

LRL = HOLTUS, GÜNTER/METZELTIN, MICHAEL/SCHMITT, CHRISTIAN, *Lexikon der Romanistischen Linguistik (LRL)*, Tübingen, Niemeyer, 1988 – 2004.

LUDESCU, STOICA (?), *Letopisețul cantacuzinesc*. Versiune electronică de Scriptorium.ro, http://scriptorium.ro

MEIER, HARRI, *Die Entstehung der romanischen Sprachen und Nationen*, Frankfurt am Main, Klostermann, 1941.

MENÉNDEZ PIDAL, RAMÓN, *Orígenes del español. Estado lingüístico de la Península ibérica hasta el siglo XI*, Madrid, Espasa, ³1950.

MËNIKU, LINDA/CAMPOS, HÉCTOR, *Colloquial Albanian*, London/New York, Routledge, 2012.

MERLAN, AURELIA, *Structuri cu pronume relativ invariabil în română și în alte limbi romanice*, in: Analele Științifice ale Universității Al. I. Cuza din Iași XLI/XLII (1995-1996), 85-101.

METZELTIN, MICHAEL, *România: Stat, Națiune, Limbă*, București, univers enciclopedic, 2002.

METZELTIN, MICHAEL, *Il romeno tra le lingue romanze: uno studio di tipologia dinamica*, in: Orioles Vincenzo (ed.), Studi in memoria di Eugenio Coseriu. Supplemento a Plurilinguismo. Contatti di lingue e culture 10, 2003 (2004), 279-294.

METZELTIN, MICHAEL, *La deriva tipológica del rumano*, in: Estudis Romànics XXIX (2007), 43-59.

METZELTIN, MICHAEL, *El aragonés entre las lenguas románicas*, in: Luenga & fablas 11 (2007), 9-28.

METZELTIN, MICHAEL, *Le développement du vocatif en roumain*, in: BRANDA, ALINA/CUCEU, ION (Hg.), Romania Occidentalis Romania Orientalis, Volum omagial dedicat Prof. univ. Dr. Ioan Taloș. Cluj-Napoca, Editura Fundației pentru Studii Europene, Editura Mega, 2009, 395-399.

METZELTIN, MICHAEL, *Română - o descriere tipologică*, in: Universitatea de Vest din Timișoara/Universitate Politehnică din Timișoara, Quaestiones romanicae. Lucrările Colocviului Internațional Comunicare și cultură în Romania europeană (ediția I/15-16 iunie 2012), Szeged, Jate Press, 2012 (2013), 23-34.

METZELTIN, MICHAEL, *Erklärende Grammatik der romanischen Sprachen. Satzkonstruktion und Satzinterpretation*, Wien, Praesens, ³2010.

METZELTIN, MICHAEL, *Gramatică explicativă a limbilor romanice. Sintaxă și semantică*, Iași, Eiditura Universității „Alexandru Ioan Cuza", 2011.

METZELTIN, MICHAEL, *Die Dynamik einer Sprache an der Peripherie*, in : CORBEA-HOIȘIE, ANDREI/SCHEICHL, SIGURD PAUL (edd.), Kulturen an den ‚Peripherien' Mitteleuropas (am Beispiel der Bukowina und Tirols), Iași/Konstanz, Editura Universității „Alexandru Ioan Cuza"/Hartung-Gorre Verlag, 2015, 13-42.

METZELTIN, MICHAEL/LINDENBAUER, PETREA/WOCHELE, HOLGER, *Die Entwicklung des Zivilisationswortschatzes im südosteuropäischen Raum im 19. Jahrhundert. Der rumänische Verfassungswortschatz*, Wien, Institutul Cultural Român, 2005.

METZELTIN, MIGUEL, *Las lenguas románicas estándar. Historia de su formación y de su uso*. Uviéu, Academia de la Llingua Asturiana, 2004.

METZELTIN, MIGUEL, *Gramática explicativa de la lengua castellana. De la sintaxis a la semántica*, Wien, Praesens, 2009.

MEYER-LÜBKE, WILHELM, *Grammatik der Romanischen Sprachen. II T. Romanische Formenlehre*, Leipzig, Reisland, 1894.

MEYERS REISEBÜCHER, *Türkei. Rumänien, Serbien, Bulgarien*, Leipzig und Wien, Bibliographisches Institut, ⁵1898.

MIHĂILĂ, GHEORGHE, *Adjective de origine slavă în limba romînă*, in: Romanoslavica III (1958), 61–76.

MIHĂILĂ, G., *Dicționar al limbii române vechi (sfîrșitul sec. X – începutul sec. XVI)*, București, Editura enciclopedică română, 1974.

MIKLOSICH, FR., *Die slavischen Elemente im Rumunischen*, Wien, Kaiserlich-Königlich Hof-und Staatsdruckerei, 1861.

MIŠESKA TOMIĆ, OLGA, *Balkan Sprachbund. Morphosyntactic features*, Doordrecht, Springer, 2006.

MUNTEANU, GAVRILE I., *Gramatică română pentru clasile gimnasialĭ inferiorĭ*, Brașovu, Römer și Kamner, 1860.

NGLE = Real Academia Española, *Nueva gramática de la lengua española*, Madrid, Espasa, 2009.

NICULESCU, ALEXANDRU, *Individualitatea limbii române între limbile romanice. Contribuții gramaticale*, București, Editura Științifică, 1965.

NICULESCU, ALEXANDRU, *Individualitatea limbii române între limbile romanice. Contribuții socioculturale*, Editura Științifică si Enciclopedică, 1978.

NICULESCU, ALEXANDRU, *Tra la romanità e la rumenità. La romanità rumena*, in: FASSÒ ANDREA/FORMISANO, LUCIANO/MANCINI, MARIO (edd.), Filologia romanza e cultura medievale. Studi in onore di Elio Melli, Alessandria, Edizioni dell'Orso, 1998, 585–593.

OLTEANU, PANDELE, *Sintaxa și stilul paleoslavei și slavonei*, București, Editura Stiințifică, 1974.

OSCHLIES, WOLF, *Lehrbuch der makedonischen Sprache: in 50 Lektionen*, München, Sagner, 2007.

PANĂ DINDELEGAN, GABRIELA, *Feminine Singular Pronouns with Neutral Value*, in: Revue Roumaine de Linguistique LVII (2012), 249–261.

PANĂ DINDELEGAN, GABRIELA (ed.), *The Grammar of Romanian*, Oxford, Oxford University Press, 2013.

PAPAHAGI, CRISTIANA, *Covergent Grammaticalization of some Romance Auxiliaries*, in: Revue Roumaine de Linguistique LIX (2014), 317–334.

PARENTI, ALESSANDRO, *Sul cosiddetto articolo possessivo del rumeno*, in: ponto-baltica 11 (2005), 115–121.

PĂTRUȚ, I., *Considerații în legatură cu vocativul romînesc în -o*, in: Romanoslavica VII București 1963, 87–93.

PEI, MARIO A., *A new methodology of romance classification*, in: Word 5 (1959), 135–146.

PENSADO, CARMEN (ed.), *El complemento directo preposicional*, Madrid, Visor Libros, 1995.

PETROVICI, EMIL, *Despre uniunile lingvistice (Limbile balcanice și limbile vest-europene)*, in: Romanoslavica XIV, 1967.

PETKANOV, IVAN, *Intorno ad alcuni elementi lessicali del latino balcanico ignoti al (daco)romeno*, in: Academia Republicii Socialiste România, Actele celui de-al XII-lea Congres Internaţional de Lingvistică şi Filologie Romanică, Bucureşti, Editura Academiei RSR, 1070, 1025–1030.

PICCOLOMINI, ENEA SILVIO, *Cosmographia seu Rerum ubique gestarum historia locorumque descriptio*, ed. Helmstadii 1699.

PLASARI, AUREL, *Edhe një herë për UNICUM-in e Kavaliotit*, in: Bibliothecae 1 (2000), 11–20 (http://www.bksh.al/Bibliotekonomi/2000.pdf).

POP, IOAN-AUREL/BOLOVAN, IOAN (edd.), *History of Romania*, Cluj-Napoca, Romanian Cultural Institute, 2006.

POP, SEVER, *Grammaire roumaine*, Berne, Francke, 1948.

POULLET, HECTOR/TELCHID, SYLVIANE, *Le créole sans peine (Guadeloupéen)*, Chennevières-sur-Marne, Assimil, 1990.

PUMNUL, ARON, *Grammatik der rumänischen Sprache für Mittelschule*, Wien, K.k. Schulbücher-Verlag, 1864.

PUŞCARIU, SEXTIL, *Die rumänische Sprache*, Leipzig, Harrassowitz, 1943.

QUESEMAND, ANNE, *Limba latină. Metodă Larousse*, Bucureşti, Teora, 2001.

RAINER, FRANZ, *Spanische Wortbildungslehre*, Tübingen, Niemeyer, 1993.

RAPOSO, EDUARDO BUZAGLO PAIVA/NASCIMENTO, MARIA FERNANDA BACELAR DO/MOTA, MARIA ANTÓNIA COELHO DA/SEGURA, LUÍSA/MENDES, AMÁLIA, *Gramática do português*, Lisboa, Gulbenkian, 2013.

RAYNOUARD, FRANÇOIS, *Grammaire comparée des langues de l'Europe latine*, Paris Firmin Didot, 1821.

REUMUTH, WOLFGANG/MILITSIS, VASILEIOS, *Praktische Grammatik der neugriechischen Sprache*, Wilhelmsfeld, egert, 2014.

REUMUTH, WOLFGANG/WINKELMANN, OTTO, *Praktische Grammatik der französischen Sprache*. Neubearbeitung, egert, Wilhelmsfeld, ^{2}2005.

REUMUTH, WOLFGANG/WINKELMANN, OTTO, *Praktische Grammatik der italienischen Sprache*. Neubearbeitung, egert, Wilhelmsfeld, ^{7}2012.

REUMUTH, WOLFGANG/WINKELMANN, OTTO, *Praktische Grammatik der spanischen Sprache*. Neubearbeitung, egert, Wilhelmsfeld, ^{5}2006.

ROHLFS, GERHARD, *Grammatica storica della lingua italiana e dei suoi dialetti*, Torino, Einaudi, 1966–1969.

RONJAT, JULES, *Grammaire istorique des parlers provençaux modernes*, Montpellier, Société des Langues Romanes, 1930–1941.

ROSETTI, RADU, *Din copilărie. Amintiri*, Bucureşti, Humanitas, 2012.

RSG = ERNST, GERHARD/GLEßGEN, MARTIN-DIETRICH/SCHMITT, CHRISTIAN/ SCHWEICKARD, WOLFGANG (edd.), *Romanische Sprachgeschichte*, Berlin/New York, de Gruyter, 2003–2008.

RUFFINO, GIOVANNI, *Sicilia*, Bari/Roma, Laterza, 2002.

SAMPSON, RODNEY, *Vowel Prosthesis in Romance. A Diachronic Study*, Oxford, Oxford University Press, 2010.

SANDFELD, KR., *Linguistique balkanique. Problèmes et résultats*, Paris, Klincksieck, 1930.

SANDFELD, KR./OLSEN, HEDWIG, *Syntaxe roumaine*, I, Paris, Droz, 1936.
SANDFELD, KR./OLSEN, HEDWIG, *Syntaxe roumaine*, III, Copenhague, Munksgaard, 1962.
SCHALLER, HELMUT WILHELM, *Die Balkansprachen. Eine Einführung in die Balkanphilologie*, Heidelberg, Winter, 1975.
SCHEDEL, HARTMANN, *Registrum huius operis libri cronicarum cum figuris et ymaginibus ab inicio müdi* (Nürnberg 1493, Sexta etas mundi/De hungaria et gestis in ea olim pannonia appellata) (http://dlib.gnm.de/item/2Inc266/html) und (http://tudigit.ulb.tu-darmstadt.de/show/inc-iv-112/0001/thumbs?sid=e580a5567d7a5d4898c987d8a565c279#current_page).
SCL = Studii și cercetări lingvistice.
SCHMITT, OLIVER JENS, *Die Albaner. Eine Geschichte zwischen Orient und Okzident*, München, Beck, 2012.
SCHULZ-GORA, O., *Altprovenzalisches Elementarbuch*, Heidelberg, Winter, 1906.
SERIANNI, LUCA, *Grammatica italiana*, Torino, UTET, 1988.
SNEYDERS DE VOGEL, K., *Syntaxe historique du français*, Groningue/La Haye, Wolters, ²1927.
SOLANO, FRANCESCO, *Manuale di lingua albanese*, Corigliano Calabro, Arti Grafiche Joniche, 1972.
SOLTA, GEORG RENATUS, *Einführung in die Balkanlinguistik mit besonderer Berücksichtigung des Substrats und des Balkanlateins*, Darmstadt, Wissenschaftliche Buchgesellschaft, 1980.
STAN, CAMELIA, *La nominalizzazione dell'infinito in rumeno – Osservazioni diacronico-tipologiche*, in: Revue Roumaine de Linguistique LVII (2013), 31–40.
STERN, CLARA/WILLIAM, *Die Kindersprache*, Leipzig, 1928.
SZEMERÉNYI, OSWALD, *Einführung in die vergleichende Sprachwissenschaft*, Darmstadt, Wissenschaftliche Buchgesellschaft, 1970.
ȘERBĂNESCU, A., *Dativ posesiv, dativ experimentator*, in: SCL L (1999), 19–38.
TAGLIAVINI, CARLO, *Rumänische Konversations-Grammatik*, Heidelberg, Groos, ⁵1938.
TAGLIAVINI, CARLO, *Le origini delle lingue neolatine*, Bologna, Pàtron, ⁶1972 (1949).
TAMBA DĂNILĂ, ELENA, *Vechi și nou în sintaxa limbii române*, Iași, Demiurg, 2004.
THOMSON, ALEXANDER, *Beiträge zur Kasuslehre IV. Über die Neubildung des Akkusativs*, in: Indogermanische Forschungen 30 (1912), 65–79.
THUNMANN, JOHANN, *Über die Geschichte und Sprache der Albaner und der Wlachen*. Nachdruck der Ausgabe von 1774 herausgegeben und mit einer Einleitung versehen von Harald Haarmann, Hamburg, Buske, 1979.
TIKTIN, HARITON, *Rumänisch–deutsches Wörterbuch*, Wiesbaden, Harrassowitz, ²1986–1989.
TIKTIN, HARITON, *Rumänisches Elementarbuch*, Heidelberg, Winter, 1905.
TOPPOLTINUS, LAURENTIUS, *Origines et occasus Transsylvanorum*, Lyon 1667, caput IX (https://tiparituriromanesti.wordpress.com/2012/06/25/laurentius-toppeltinus-de-medias-origines-et-occasus-transsylvanorum-lyon-1667/); (https://books.google.at/books?id=Su5gAAAAcAAJ&pg=PA214&lpg=PA214&dq=Laurentius+Toppeltinus+

de+medias+Origines+et+occasus&source=bl&ots=eXJ0wjCJ_t&sig=qn5me3Tqo
0mLE5ofsoCWccUIWz4&hl=en&sa=X&ved=0CCwQ6AEwAWoVChMInuSA1p6
UxwIVwYRyCh0IwQHn#v=onepage&q=Laurentius%20Toppeltinus%20de%
20medias%20Origines%20et%20occasus&f=false).

ȚARA, GEORGE BOGDAN, *Structuri sintagmatice în latina creștină*, Timișoara, Editura Orizonturi universitare, 2008.

URECHIA, V. A., *Din tainele vieței. Amintiri contimporane (1840–1882)*, Iași, Polirom, 2014.

URECHE, GRIGORE, *Letopisețul Țării Moldovei*. Texte stabilite, studiu introductiv, note și glosar de Liviu Onu, București, Editura Științifică, 1967.

URECHE, GRIGORE, *Letopisețul țărâi Moldovei, de când s-au descălecat țara și de cursul anilor și de viiața domnilor carea scrie de la Dragoș vodă până la Aron vodă (1359-1594)* (https://ro.wikisource.org/wiki/Letopise%C8%9Bul_%C8%9B%C4%83r%C3%A2i_Moldovei,_de_c%C3%A2nd_s-au_desc%C4%83lecat_%C8%9Bara).

VAILLANT, ANDRE, *Manuel du vieux slave*, tome I, Grammaire, Paris, Institut d'Études Slaves, 1948.

VIDESOTT, PAUL, *Les débuts du français à la Chancellerie royale: analyse scriptologique des chartes de Philippe III (1270–1285)*, in: RLiR 77 (2013), 3–49.

VOINEAG-MERLAN, AURELIA, *Structuri cu pronume relativ invariabil în română și în alte limbi romanice*, in: Analele Științifice ale Universității „Al. I. Cuza" XLI/XLII (1995–1996), 85–101.

WACKERNAGEL, JAKOB, *Vorlesungen über Syntax mit besonderer Berücksichtigung von Griechisch, Lateinisch und Deutsch*. Erste Reihe, Basel, Birkhäuser, 1926.

WARTBURG, WALTHER VON, *Die Ausgliederung der romanischen Sprachräume*, in: Zeitschrift für Romanische Philologie LVI (1936, 1–48).

WARTBURG, WALTHER VON, *Die Ausgliederung der romanischen Sprachräume*, Bern, Francke, 1950 (Z 56, 1936).

WHEELER, MAX W./YATES, ALAN/DOLS, NICOLAU, *Catalan. A comprehensive grammar*, London/New York, Routledge, 1999.

WEIGAND, GUSTAV, *Praktische Grammatik der Rumänischen Sprache*, Leipzig, ²1918.

WIES, ERNST W., *„Capitulare de villis et curtis imperialibus"*, Aachen, einhard, 1992.

WINDISCH, RUDOLF, *Die frühesten Erwähnungen der Rumänen und ihrer Vorfahren in den antiken, byzantinischen, mittelalterlichen und neueren Quellen*, in: Buletinul Bibliotecii Române, vol. VIII Serie nouă, 1980/81, 153–192.

ZAMBONI, ALBERTO, *Cambiamento di lingua o cambiamento di sistema? Per un bilancio cronologico della transizione*, in: Herman, József (ed.), La transizione dal latino alle lingue romanze, Tübingen, Niemeyer, 1998, 99–127.

ZAMFIR, DANA-MICHAELA, *Despre un tip de viitor specific dacoromânei vechi: am a face*, in: Sala, Marius (coord.), Studii de gramatică și de formare a cuvintelor, București, Editura Academiei Române, 2006, 491–502.

ZAUNER, ADOLF, *Romanische Sprachwissenschaft*, Leipzig, Göschen, 1905.

FORUM: RUMÄNIEN

Bd. 1   Larisa Schippel: Kultureller Wandel als Ansinnen. Die diskursive Verhandlung von Geschichte im Fernsehen. 476 Seiten. ISBN 978-3-86596-249-2

Bd. 2   Thede Kahl (Hg.): Das Rumänische und seine Nachbarn. 326 Seiten. ISBN 978-3-86596-195-2

Bd. 3   Daniel Barbu: Die abwesende Republik. Aus dem Rumänischen übersetzt von Larisa Schippel. 364 Seiten. ISBN 978-3-86596-208-9

Bd. 4   Maren Huberty/Michèle Mattusch (Hg.): Rumänien und Europa. Transversale. 446 Seiten. ISBN 978-3-86596-270-6

Bd. 5   Renate Windisch-Middendorf: Der Mann ohne Vaterland. Hans Bergel – Leben und Werk. 168 Seiten. ISBN 978-3-86596-275-1

Bd. 6   Andrei Oişteanu: Konstruktionen des Judenbildes. Rumänische und ostmitteleuropäische Stereotypen des Antisemitismus. Aus dem Rumänischen übersetzt von Larisa Schippel. 682 Seiten. ISBN 978-3-86596-273-7

Bd. 7   Michael Metzeltin/Thomas Wallmann: Wege zur Europäischen Identität. Individuelle, nationalstaatliche und supranationale Identitätskonstrukte. 288 Seiten. ISBN 978-3-86596-297-3

Bd. 8   Alina Mazilu/Medana Weident/Irina Wolf (Hg.): Das rumänische Theater nach 1989. Seine Beziehungen zum deutschsprachigen Raum. 444 Seiten. ISBN 978-3-86596-290-4

Bd. 9   Angelika Herta/Martin Jung (Hg.): Vom Rand ins Zentrum. Die deutsche Minderheit in Bukarest. 266 Seiten. ISBN 978-3-86596-334-5

Bd. 10   Thede Kahl/Larisa Schippel (Hg.): Kilometer Null. Politische Transformation und gesellschaftliche Entwicklungen in Rumänien seit 1989. 490 Seiten. ISBN 978-3-86596-344-4

Bd. 11   Constanţa Vintilă-Ghiţulescu: Liebesglut. Liebe und Sexualität in der rumänischen Gesellschaft 1750–1830. Aus dem Rumänischen übersetzt von Larisa Schippel. 204 Seiten. ISBN 978-3-86596-298-0

Bd. 12   Thede Kahl/Larisa Schippel (Hg.): Leben in der Wirtschaftskrise – Ein Dauerzustand? 236 Seiten. ISBN 978-3-86596-395-6

Bd. 13   Mirela-Luminiţa Murgescu: Vom „guten Christen" zum „tapferen Rumänen". Die Rolle der Primarschule bei der Herausbildung des rumänischen Nationalbewusstseins 1831–1878. Aus dem Rumänischen übersetzt von Julia Richter und Larisa Schippel. 322 Seiten. ISBN 978-3-86596-405-2

Frank & Timme

FORUM: RUMÄNIEN

Bd. 14 Elisabeth Berger: Rezeption österreichischer Literatur in Rumänien 1945–1989. 232 Seiten. ISBN 978-3-86596-506-6

Bd. 15 Maren Huberty/Michèle Mattusch/Valeriu Stancu (Hg.): Rumänien – Medialität und Inszenierung. 284 Seiten. ISBN 978-3-86596-473-1

Bd. 16 Katharina Kilzer/Helmut Müller-Enbergs (Hg.): Geist hinter Gittern. Die rumänische Gedenkstätte *Memorial Sighet*. 216 Seiten. ISBN 978-3-86596-546-2

Bd. 17 Constanţa Vintilă-Ghiţulescu: Im Schalwar und mit Baschlik. Kirche, Sexualität, Ehe und Scheidung in der Walachei im 18. Jahrhundert. Aus dem Rumänischen übersetzt von Larisa Schippel. 362 Seiten. 978-3-86596-437-3

Bd. 18 Andrei Oişteanu: Rauschgift in der rumänischen Kultur: Geschichte, Religion und Literatur. Aus dem Rumänischen übersetzt von Julia Richter. 500 Seiten. ISBN 978-3-7329-0029-9

Bd. 19 Adrian Majuru: Stadt der Verlockungen. Das vormoderne Bukarest zwischen Orient und Europa. Aus dem Rumänischen übersetzt von Ioana Nechiti und Clemens Wigger 226 Seiten. ISBN 978-3-7329-0018-3

Bd. 20 Gerhard Köpernik: Faschisten im KZ. Rumäniens Eiserne Garde und das Dritte Reich. 290 Seiten. ISBN 978-3-7329-0089-3

Bd. 21 Lucian Boia: Fallstricke der Geschichte. Die rumänische Elite von 1930 bis 1950. Aus dem Rumänischen übersetzt von Larisa Schippel. 346 Seiten. ISBN 978-3-7329-0048-0

Bd. 22 Lucian Boia: Die Germanophilen. Die rumänische Elite zu Beginn des Ersten Weltkrieges. Aus dem Rumänischen übersetzt von Andrea Apostu u. a. 368 Seiten. ISBN 978-3-7329-0115-9

Bd. 23 Roman Hutter: Revolution und Legitimation. Die politische Instrumentalisierung des Umbruchs 1989 durch die Postkommunisten in Rumänien. 150 Seiten. ISBN 978-3-7329-0052-7

Bd. 24 Thede Kahl/Peter Mario Kreuter/Christina Vogel (Hg.): Culinaria balcanica. 380 Seiten. ISBN 978-3-7329-0138-7

Bd. 25 Victor Neumann: Die Interkulturalität des Banats. 164 Seiten. ISBN 978-3-7329-0116-6

Bd. 26 Maria Irod: Dieter Schlesak zwischen Moderne und Postmoderne. 278 Seiten. ISBN 978-3-7329-0143-2

Bd. 27 Lucian Blaga: Die transzendente Zensur. Aus dem Rumänischen übersetzt von Rainer Schubert. 228 Seiten. ISBN 978-3-7329-0161-6

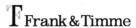

FORUM: RUMÄNIEN

Bd. 28 Pascal Bentoiu: George Enescu: Meisterwerke. Aus dem Rumänischen übersetzt von Larisa Schippel und Julia Richter. Unter Mitarbeit von Raluca Știrbăț. 790 Seiten. ISBN 978-3-7329-0166-1

Bd. 29 Lucian Boia: Wie Rumänien rumänisch wurde. Aus dem Rumänischen übersetzt von Andreea Pascaru. 116 Seiten. ISBN 978-3-7329-0217-0

Bd. 30 Michael Metzeltin: Das Rumänische im romanischen Kontrast. Eine sprachtypologische Betrachtung. 182 Seiten. ISBN 978-3-7329-0239-2

Bd. 31 Lucian Blaga: Über das philosophische Bewusstsein. Aus dem Rumänischen übersetzt von Rainer Schubert. 270 Seiten. ISBN 978-3-7329-0261-3

Bd. 32 Martin Jung: In Freiheit. Die Auseinandersetzung mit Zeitgeschichte in Rumänien (1989 bis 2009). 516 Seiten. ISBN 978-3-7329-0258-3

Bd. 33 Thede Kahl (Hg.): Von Hora, Doina und Lautaren. Einblicke in die rumänische Musik und Musikwissenschaft. 628 Seiten mit CD. ISBN 978-3-7329-0310-8

Bd. 34 Iulia Dondorici: Den Körper schreiben – Poetiken des Körpers in der Prosa der rumänischen Moderne. 208 Seiten. ISBN 978-3-7329-0289-7

Bd. 35 Thede Kahl/Peter Mario Kreuter/Christina Vogel (Hg.): „Vergessen, verdrängt, verschwunden". Aufgegebene Kulturen, Beziehungen und Orientierungen in der Balkanromania. 366 Seiten. ISBN 978-3-7329-0255-2

Bd. 36 Thede Kahl: Natur und Mensch im Donaudelta. 244 Seiten. ISBN 978-3-7329-0438-9

Bd. 37 Michèle Mattusch (Hg.): Kulturelles Gedächtnis – Ästhetisches Erinnern. Literatur, Film und Kunst in Rumänien. 606 Seiten. ISBN 978-3-7329-0418-1

Bd. 38 Carola Heinrich/Thede Kahl (Hg.): Litterae – magistra vitae. Heinrich Stiehler zum 70. Geburtstag. 514 Seiten. ISBN 978-3-7329-0464-8

Bd. 39 Heinrich Stiehler (Hg.): Panaït Istrati: Politische Spätschriften 1934/1935. 156 Seiten. ISBN 978-3-7329-0557-7

Bd. 40 Annemarie Sorescu-Marinković/Thede Kahl/Biljana Sikimić (eds.): Boyash Studies: Researching "Our People". 466 Seiten. ISBN 978-3-7329-0694-9

Bd. 41 Antonina Roitburd: Rumänische Literatur im deutschsprachigen Raum seit 1990. 134 Seiten. ISBN 978-3-7329-0659-8

Bd. 42 Mariana Hausleitner: Selbstbehauptung gegen staatliche Zwangsmaßnahmen. Juden und Deutsche in Rumänien seit 1830. 342 Seiten. ISBN 978-3-7329-0714-4

FORUM: RUMÄNIEN

Bd. 43 Alexandru Simon: In the World of Vlad. The Lives and Times of a Warlord.
330 Seiten. ISBN 978-3-7329-0799-1

Bd. 44 Mirel Bănică: Glück, Gott und Gaben. Kultur und Religion der Roma.
Aus dem Rumänischen übersetzt von Larisa Schippel.
474 Seiten. ISBN 978-3-7329-0678-9

Bd. 45 Valeska Bopp-Filimonov/Martin Jung (Hg.): Kaleidoskop Rumänien.
Einblicke in die aktuelle Vielfalt des interdisziplinären Faches Rumänistik.
236 Seiten. ISBN 978-3-7329-0763-2

Frank & Timme

Druck:
CPI Druckdienstleistungen GmbH
im Auftrag der
Zeitfracht GmbH
Ein Unternehmen der Zeitfracht - Gruppe
Ferdinand-Jühlke-Str. 7
99095 Erfurt